_____학교 ____학년 ___반 _____의 책이에요.

신나는 교과 체험학습 시리즈 이렇게 활용하세요!

'체험학습'이란 책에서나 수업 시간에 배운 지식을 실제 현장에서 직접 경험해 보는 공부 방법이에요. 단순히 전시된 물건을 관람하거나 공연을 보는 것이 아니라 학습을 하기 전에 미리 필요한 정보를 조사하는 것까지를 포함한 모든 활동을 의미해요. 어떻게 공부할 것인지를 준비하면 그렇지 않은 경우보다 훨씬 더 많은 것을 보고 느끼게 되겠지요. 이 책은 체험학습을 하려는 어린이들에게 좋은 길잡이 역할을 할 거예요.

❶ 가기 전에 읽어 보세요

이 책은 체험학습 현장을 어린이들이 쉽게 이해할 수 있도록 풀이한 안내서예요. 어린이들이 직접 체험학습 현장을 찾아가는 데 필요한 정보가 들어 있어요. 체험학습 현장을 가기 전에 꼼꼼히 읽어 보세요.

❷ 현장에서 비교해 보세요

청계천이 시작되는 청계광장에서 옛 한양의 도성 안 마지막 다리인 오간수교까지 따라가며 청계천을 돌아보았어요. 약 2.9킬로미터에 이르는 이 거리는 청계천에 얽힌 역사 이야기를 들으며 돌아보기에 힘들지 않을 거예요. 현장에서 비교해 보며 체험하는 동안 아름다운 청계천에 푹 빠질 거예요.

❸ 스스로 활동해 보세요

이 시리즈는 단지 지식을 전달하기 위한 교양서가 아니에요. 어린이 여러분이 교과서로 수업 시간에 배운 내용을 실제 현장에서 직접 체험하며 익힐 수 있도록 다양한 활동 내용을 담았지요. 책 중간이나 뒷부분에 이해를 돕기 위한 활동이 있으니 꼭 스스로 정리해 보세요.

❹ 견학 후 활동이 다양해요

체험학습 후에는 반드시 견학 후 여러 가지 활동을 해 보세요. 보고서 쓰기, 신문 만들기, 그림 그리기 등을 통해 체험학습에서 보고 들은 내용을 다시 한번 정리하면 알찬 체험학습이 될 거예요.

신나는 교과 체험학습 ㉑

도심의 시냇물을 따라가는 시간 여행 청계천

초판 1쇄 발행 | 2007. 3. 27.
개정 3판 6쇄 발행 | 2023. 11. 10.

글 김효중 | **그림** 정소영

발행처 김영사 | **발행인** 고세규
등록번호 제 406-2003-036호 | **등록일자** 1979. 5. 17.
주소 경기도 파주시 문발로 197(우10881)
전화 마케팅부 031-955-3100 | 편집부 031-955-3113~20 | 팩스 031-955-3111

값은 표지에 있습니다.
ISBN 978-89-349-8535-8 64000
ISBN 978-89-349-8306-4 (세트)

좋은 독자가 좋은 책을 만듭니다. 김영사는 독자 여러분의 의견에 항상 귀 기울이고 있습니다.
전자우편 book@gimmyoung.com | 홈페이지 www.gimmyoungjr.com

어린이제품 안전특별법에 의한 표시사항
제품명 도서 **제조년월일** 2023년 11월 10일 **제조사명** 김영사 **주소** 10881 경기도 파주시 문발로 197
전화번호 031-955-3100 **제조국명** 대한민국 ⚠**주의** 책 모서리에 찍히거나 책장에 베이지 않게 조심하세요.

도심의 시냇물을 따라가는 시간 여행

청계천

글 김효중 그림 정소영

주니어김영사

차례

청계천에 가기 전에

미리 준비하세요

준비물 〈청계천〉 책, 수첩, 필기구(파란 색연필), 사진기, 물통, 전철 노선도와
지도, 교통비 등. 이 외에 스스로 더 준비할 것이 있는지 확인해 보세요.

미리 알아 두세요

1. 청계천에 없는 것!
화장실과 쓰레기통이 없어요. 쓰레기를 담을 봉투를 미리 준비하세요.
2. 청계천에서 할 수 없는 것!
취사, 낚시, 목욕, 세탁, 애견 산책, 자전거나 인라인스케이트 타기 등은
할 수 없어요. 수영도 물 깊이가 얕아서 할 수 없어요. 단, 청계천 가에 앉아
발을 담그는 것은 괜찮아요. 그렇다면 여벌의 옷이나 양말, 수건도 준비해야
겠지요. 단, 물가에 간다면 사진기가 물에 젖지 않게 조심하세요.
3. 청계천 가는 방법
서울 중심에 있어 교통이 복잡하므로 승용차보다는 버스나 지하철을
이용하는 것이 편리해요. 청계광장부터 돌아보려면 5호선 광화문역에서
내려 걸어가는 것이 좋아요. 단, 가고 싶은 지점을 따로 정했으면 가까운
지하철 역을 이용하세요.
4. 청계천에서 주의할 것!
청계천에는 언제든지 갈 수 있지만 비가 많이 와서 청계천의 물이 불어나
위험할 때는 청계천에 들어가지 못하게 막으니 여러분도 그날은 피하세요.

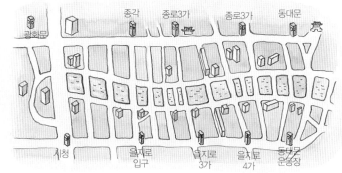

이번 체험 학습은 서울의 중심 지역으로 나갈 거예요. 이곳에는 물도 있고, 풀도 있으며, 사람도 매우 많이 있어요. 물론 보고 배울 만한 것들도 수두룩하지요. 하지만 무엇보다도 이곳의 가장 큰 특징은 서울의 중심을 가로질러 흘러가고 있다는 거예요. 이곳은 또한 조선 시대부터 지금까지 서울 사람들과 함께해 온 역사의 현장이기도 해요. 그리고 서민들의 온갖 사연이 배어 있는 삶의 터전이기도 하지요. 약 47년간 어둠 속에 묻혀 있다 2005년 10월 1일 다시 빛을 보게 된 곳이지요. 이제 알겠다고요? 바로 청계천이에요. 여러분은 서울의 중심을 가로지르는 도로 아래에 물줄기가 흐르고 있다는 사실을 알고 있었나요? 아마 할머니, 할아버지들도 가슴 속의 추억으로만 간직하고 있었을 거예요. 그 청계천이 다시 태어나 우리 곁에 모습을 드러냈어요. 오늘은 현대식으로 복원된 청계천을 따라 하류로 내려가면서 청계천과 주변 곳곳에 숨어 있는 역사의 흔적들을 하나씩 찾아볼 거예요. 자, 그럼 시원한 하천의 바람을 맞으며 체험학습을 떠나 볼까요?

한 눈에 보는 청계천

청계천의 상징물 스프링
세계적인 설치미술가 클래스 올덴버그의 작품이에요.
우리나라 하천에서 많이 볼 수 있는 다슬기의 모양을
딴 것이랍니다.

청계광장으로부터 청계천이 중랑천과 만나는 신답철교까지의

거리는 5천 5백4십7미터랍니다. 여러분이 한번에 걸어서 가기에는

너무 먼 거리죠. 그래서 이번 체험학습은 옛 한양 도성 안에 있었던 곳까지만

둘러볼 거예요. 위 지도에 표시된 것처럼 흥인지문(동대문) 근처의

오간수교까지랍니다. 여러분이 '휴'하고 안심하는 소리가 귀에

들리는 듯하군요. 자, 그럼 청계천으로 출발해 볼까요!

청계천 도보 관광

청계천을 돌아보다 보면 청계천의 문화 유적에 대한 해박한 지식과 소양을 갖춘 문화유산 해설자를 만날 수 있어요. 청계천에 대한 역사와 문화에 대한 좀 더 궁금한 사항이 있으면 한번 문의해 보세요. 친절하게 안내해 줄 거예요.

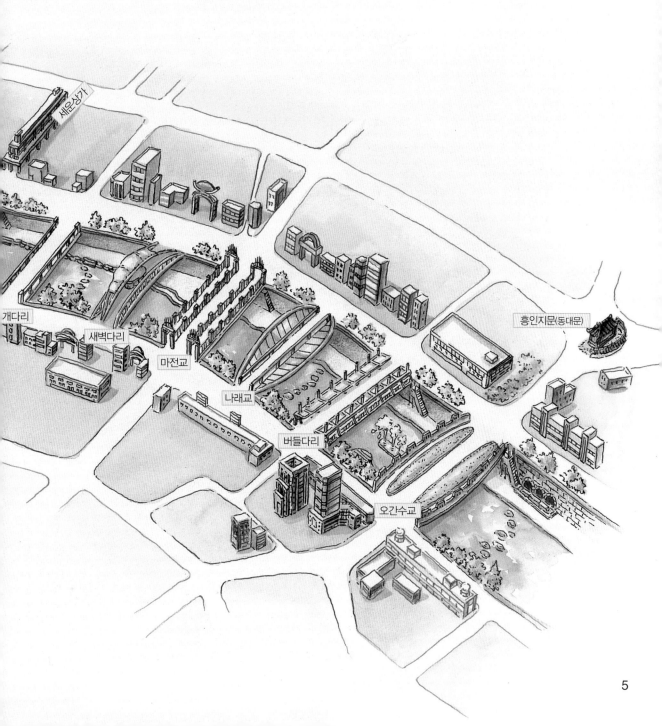

올려다 본 광통교의 모습이에요.

광통교의 전경을 볼까요?

청계광장에서 내려다 본 청계천!

청계광장의 분수가 콸콸!

청계광장과 광통교에서

청계천 체험학습에 참여한 여러분을 환영해요. 여러분이 서 있는 청계광장

이 바로 복원된 청계천이 시작되는 곳이에요. 이곳에서 흘러 내려가는 청계

천은 서울을 가로지르며 서쪽에서 동쪽으로 흘러 한강으로 들어가지요. 자,

그럼 우리 함께 청계천을 따라 내려가 보아요.

청계천으로 흘러드는 물

청계천을 따라 내려가기 전에 먼저 이곳에 대해 잠시 알아볼까요?

먼저 이름부터 알아보아요. 청계천은 처음부터 청계천이라 불린

것이 아니에요. 청계천의 원래 이름은 '개천(開川)'이었어요.

'청계천'이라는 지금의 이름은 일본이 조선을 강점한 뒤에 마음대로

강점
남의 물건, 영토, 권리
능을 강제로 차지하는
것을 말해요.

여기서 잠깐!

청계천의 물줄기를 찾아보세요.

아래 지도는 옛 서울 지도예요. 자세히 보면 청계천으로 흘러내리는 물이
동서남북으로 둘러싸여 있는 산에서 흘러내리는 것을 알 수 있지요.
청계천으로 흘러드는 여러 물줄기를 파란 색연필로 색칠해 보세요. 색칠해
보면 청계천의 물이 어디에서 시작되는지를 더 쉽게 확인할 수 있습니다.

정답은 56쪽에

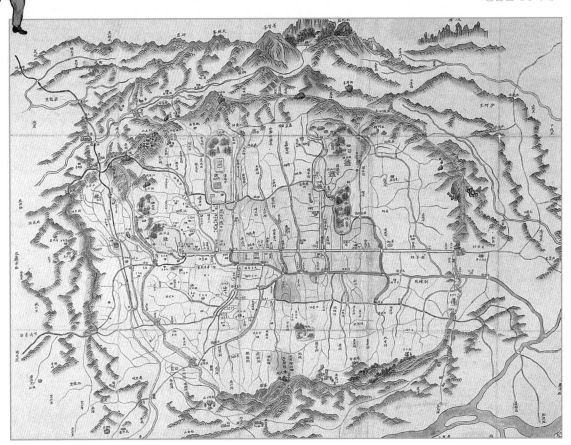

〈도성도〉 1788년경, 채색필사본, 67X92센티미터, 서울대학교 규장각 소장.

인왕산
경복궁의 서쪽에 있는
인왕산은 풍수지리상
서백호에 해당하는 산
이에요. 지금은 청계천
까지 물이 흘러 내리지
는 않는답니다.

고쳐 부른 것이지요.

그런데 이곳 청계천이 시작되는 곳이 청계광장이라면 하천 가득히
물을 공급할 수 있는 곳이 있어야 하는데, 아무리 둘러
보아도 그런 곳은 안 보여요. 단지 광장 한쪽에 작은
샘이 하나 있을 뿐이에요. 이 샘은 복원된 청계천이
시작되는 지점을 표시하기 위해 만든 것이랍니다.
자연적으로 샘솟는 지하수가 아니라 한강에서
인공적으로 끌어온 물이지요.

그러나 옛날부터 그랬던 것은 아니에요. 원래
청계천은 인왕산 · 북악산의 남쪽 기슭, 남산의
북쪽 기슭에서 흘러내린 물줄기들이 서로 만나
한강으로 흘러 들어가던 하천이었어요.
청계천이라는 이름도 청계천의 원래 물줄기인
인왕산과 북악산 사이에 있던 '청풍계천'에서 따온 것이에요. 서울의
옛 지도를 보면 주변의 산에서 시작된 작은 물줄기들이 서울의
동서를 가로지르는 청계천으로 흘러드는 것을 알 수 있답니다.

청계천의 물은 어디서 왔나요?
청계천의 상류는 경복궁의 서북쪽 백
운동 계곡에서 시작된 백운동천, 삼청
동의 중학천 등이에요. 그러나 원래
물줄기를 복원하기가 어려워 복원된
청계천으로는 물이 거의 흘러들지 않
아요. 그래서 잠실대교 근처에 있는
자양취수장에서 끌어온 9만 8천 톤의
한강 물과 청계천 주변의 12개 지하철
역에서 나오는 지하수 2만 2천 톤을
합쳐 흘려 보내고 있지요. 그렇게 하
루에 흘려 보내는 물의 양은 무려 12
만 톤이나 된답니다. 참, 이 물은 발
을 담가도 될 정도로 깨끗하지만 마시
지는 마세요!

9

서울은 명당, 청계천은 명당수

예부터 청계천은 풍수 지리상 서울에서 매우 중요한 부분이었어요. 한강이 서울의 명당수라고 알고 있는 사람들이 많지만 사실 서울의 명당수는 청계천이었거든요. 어떻게 큰 한강을 두고 작은 청계천이 명당수인지 함께 알아볼까요? 서울을 풍수지리적으로 높이 평가한 것은 고려 시대에 남경으로 지정한 사실이나 조선의 새 수도로 삼은 사실에서 서울이 풍수 지리적으로 높이 평가되고 있음을 알 수 있어요.

한양은 지형적으로 북쪽의 백악산(북악산), 동쪽의 낙타산(낙산), 남쪽의 목멱산(남산), 서쪽의 인왕산으로 둘러싸여 있지요. 그리고 앞에는 강이 흐르고 뒤로는 산이 위치해 있는 배산임수의 지형이에요. **풍수 지리**에서 말하는 **명당**의 조건을 갖추었죠. 그 명당 가운데를 지나 흐르는 것이 바로 청계천이에요. 한양을 둘러싸고 있는 북악산과 인왕산 사이에서 흘러내리기 시작하여 명당인 한양 도성의 중앙을 가로질러 동쪽으로 흐르는 명당수이지요. 결국, 청계천은 궁궐이 있는 도성 내의 명당수로 한양을 명당으로 만드는 중요한 역할을 한 셈이에요.

풍수로 본 청계천
위 지도를 보면 서울의 서쪽에서 동쪽으로 흘러가는 청계천으로 서울 주변의 산에서 크고 작은 물줄기가 흘러들고 있음을 알 수 있어요.

🌰 **풍수 지리**
집, 무덤 따위가 방향이나 땅 생김새에 따라 사람에게 좋고, 나쁨을 가리는 것을 말해요.

🌰 **명당**
어떤 일에 썩 좋은 자리를 말해요. 건물을 짓거나 무덤을 쓸 때 신경을 쓰지요.

(지도 안 글자) 북악산 / 인왕산 / 낙타산 / 청계천 / 흥인지문 / 남산

여러 색깔을 가진 청계천

청계천에는 바닥이 보이는 깨끗한 물이 흘러요.

청계천 주변에는 싱싱한 풀이 자라요.

청계천에는 많은 사람들이 모이는 휴식처예요.

　　오늘 우리가 답사할 청계천은 지저분한 얼굴을 깨끗하게 씻어 내고 맑고 예쁘게 단장했어요. 그러나 청계천에 대한 느낌이 늘 이래 왔던 것은 아니에요. 역사 속에서 서민과 함께하며 때로는 정다운 친구이기도 했지만, 때로는 피해를 주기도 한 심술쟁이기도 했답니다. 또, 한때는 두꺼운 콘크리트에 덮이고 육중한 고가도로에 짓눌려 지저분한 회색빛 얼굴을 한 적도 있었지요. 지금은 완전히 탈바꿈해 이전의 모습은 상상도 가지 않는답니다.

청계천 체험학습

청계천의 생태 환경 및 하천 생태계에 대한 현장 체험학습을 하는 프로그램도 있어요. 야생화 체험 교실과 청계천 생태 학교가 있지요. 3일 전까지 www.sisul.or.kr에서 환경체험 프로그램을 신청하면 이용할 수 있어요. (문의 02)2290-6114)

청계천은 이렇게 변해 왔어요!

조선 시대~1958년의 청계천

1960~2005년의 청계천

2005년 10월 이후의 청계천

그럼 광장 한쪽 옆으로 난 길을
따라 청계천 물가로 내려가 볼까요?
짧은 터널을 통과하자마자
팔석담으로 세차게
쏟아지는 폭포수가
여러분을 반길 거예요.
팔석담에는 동전을

팔석담과 모전교
길모퉁이에 자리하고 있는 과일을 파는 과전을
'모전'이라고 불렀는데, 이 다리가 모전 부근에
있어 붙은 이름이에요.

청계천의 다리들

1760년 영조가 청계천 공사를 할
당시에는 청계천에 모전교, 광
통교, 장통교, 수표교, 하랑교,
효경교, 마전교, 오간수문(오간
수교), 영도교 등 9개의 다리가
있었어요. 지금은 총 22개가 있
어요. 첫 번째 다리는 모전교,
마지막 다리는 고산지교예요.
가장 긴 다리는 19번째 다리인
비우당교로, 46.6미터예요. 또
가장 짧은 다리는 2번째 다리인
광통교로, 12미터예요.

던지며 소원을 비는 사람들이 있어요. 팔석담은 전국에서

가져온 돌로 만든 연못이라 팔도의 기운과 정기가 한곳에

모여 있어 소원을 빌면 이루어진다고 믿는 것 같아요.

여러분도 팔석담 앞에 서서 꼭 이루고 싶은 소원을 빌어

보세요. 앗, 조심하세요. 소원을 빌다 발을 헛디뎌 물에 빠질

수도 있으니까요. 도심 한가운데서 시원하게 쏟아지는 물소리를 들으며

상쾌한 바람을 맞는 것은 참 특별한 경험이고 즐거운 일이에요.

여기서 잠깐!

나의 출생지를 맞혀보세요.

모전교 옆에 있는 팔석담에 쓰인 돌은
전국 곳곳에서 가져온 것이에요.
경기도, 강원도, 전라도, 경기도, 충청도
등지에서 말이에요. 이렇게 놓여 있는
돌들 사이로 물이 흘러서 청계천의 흐름을
만드는 것은 물의 생명력과 전국 팔도를
연결한다는 의미를 담고 있지요. 그런데 오른쪽에
보이는 돌은 전국 팔도 중 어디에서 가져온 것일까요?

나는 화산 활동으로
생겨난 돌이에요. 그래서
구멍이 숭숭 뚫려 있지요.

힌트 : 이 곳은 우리나라에서 가장 큰 섬이에요. 섬 한가운데 우뚝 솟아 있는
한라산에 올라가면 화산이 폭발해서 생긴 백록담이 있답니다.

정답은 56쪽에

문학 작품 속의 청계천 풍경

옛날 청계천은 어떤 모습이었을까요? 1938년에 출간된 박태원*의 소설 《천변 풍경》*을 보면 어느 정도 짐작이 되지요. 당시 청계천 광통교 주변의 풍경을 한 소년의 눈을 통해 묘사해 놓은 부분이 있거든요. 소설책을 읽어 보고, 지금으로 부터 7, 80년 전의 청계천을 한번 상상해 보아요.

창수는, 우선, 개천 속 빨래터로 눈을 주었다. 한 이십 명이나 모여든 빨래꾼들, 그들의 누구 하나 꺼리지 않고 제멋대로들 지껄대는 소리와, 또 쉴 사이 없이 세차게 놀리는 방망이 소리가, 그의 귀에는 무던히나 상쾌하다.

……천변을 오고 가는 모든 사람들이, 그 모두가, 한결같이 잘나만 보이는 것도 또한 어찌할 수 없는 일이 아니냐. 임바네스 입은 민주사며, 중산모 쓴 포목전 주인이며, 인력거 위에 날아갈 듯이 앉아 있는 취옥이며, 그러한 모든 사람은 이를 것도 없거니와 다리 밑에 모여서들 지껄대고, 룩 치고 아무렇게나 거적 위에서 뒹굴고, 그러는 깍정이* 떼들도, 이곳이 결코 시골이 아니라 서울일진 댄, 그것들은 또 그만큼 행복일 수 있지 않으냐.

* 박태원 : 1909년에 태어나 1987년에 죽은 소설가예요. 주로 서민의 생활을 소재로 한 소설과 세태를 묘사한 소설을 많이 썼어요. 작품으로는 《천변 풍경》, 《소설가 구보 씨의 일일》 등이 있어요.
* 《천변 풍경》 : 박태원의 장편 소설로, 청계천을 중심으로 1년간 일어난 다양한 서민들의 생활 모습을 50개 절로 나누어 적고 있어요. 이발사, 포목전, 약국, 금은방, 여관 주인 등 서울의 다양한 인물 70여 명이 등장해요. 여기서 천변이란 청계천 주변을 뜻한답니다.
* 깍정이 : 인색한 사람이라는 지금의 뜻과는 달리 예전에는 청계천 다리 밑에 살던 거지들을 일컬었어요.

가장 번화했던 다리, 광통교

자 이제, 팔석담 아래 모전교 밑을 지나 청계천을 따라 내려가
보아요. 첫 번째 다리인 모전교를 지나면 앞에
광통교가 보여요. 모전교와 광통교 사이에 있는
징검다리를 조심해서 건너세요. 징검다리를
디디며 이쪽저쪽으로 아슬아슬하게 건너다니는
게 재미있답니다. 단, 크게 위험하지는 않지만
징검다리에 물이 묻어 있으면 미끄러우니
조심하세요. 장난치다 빠지면 신발이나 옷이
물에 젖을 수도 있으니까요. 징검다리를 건너서
조금 내려가면 광통교에 도착하지요.

광통교는 조선 시대에 '광교', '대광통교'로도
불렸어요. 광통방에 있는 큰 다리였으므로
처음에는 대광통교라 했어요. 특히 예부터
서울에서는 큰 다리로 알려져 정월 대보름이

광교에서 바라본 광통교

🐾 **광통방**
조선 시대 서울의 행정
구역인 52방 중의 하나
였어요.

🐾 **육조 거리**
광화문 앞 이·호·예·
병·형·공조의 관청이
있던 거리예요.

되면 도성의 많은 남녀가 이곳에 모여 다리밟기 놀이를 하던 곳으로
유명했어요. 상업의 중심지 역할을 하여 많은 사람이 항상 광통교
주위에 모여들어 생필품을 사고 팔곤 했어요.

광통교는 '넓게 통하는 다리'라는 이름에 맞게 조선 시대에 가장
붐볐던 다리예요. 광통교가 경복궁-육조 거리-종루-숭례문으로
이어지는, 도성 내의 남쪽과 북쪽을 잇는 중심 통로였거든요.
이 남북 대로를 중심으로 그 주변에 시전이라는 시장이 열렸어요.
상업이 널리 발달하지 않았던 조선 전기에도 사람들이 제법 많이

오가던 길이었지요. 그뿐만 아니라 왕이나 외국
사신들이 지나가던 통로이기도 했으니 얼마나
북적거렸는지 짐작이 가지요?

이렇게 많은 사람이 이용했으니 다리 이름만큼이나
폭도 넓어야 했지요. 그래서 다른 다리와는 달리
길이보다 폭을 더 넓게 만들었어요. 조금 특이하죠?
실제로 복원한 다리도 길이가 12.3미터, 너비가
14.4미터랍니다.

또, 1890년대 말에는 이 주변에 우리나라 역사상 처음으로 근대
은행들도 설립되었어요. 신한은행 본사 자리에 설립되었던
한성은행을 그 예로 들 수 있답니다.

역사의 흔적이 남아 있는 광통교

광통교에는 조선 시대에 일어났던 역사적 사건의 흔적들이 아직
남아 있어요. 같이 찾아볼까요. 먼저 눈을 들어 다리의 난간을 잘
살펴보세요. 여러 난간의 기둥 중에서 다른 기둥들은 모두 끝이
뾰족한데 몇 개는 둥근 구슬 모양을 하고 있어요. 사료에 근거해서

사료
역사 연구에 필요한 문
헌이나 유물, 문서, 기
록, 건축, 조각 따위를
말해요.

정확하게 복원을 하였는데, 왜 모양이 다를까요?

　이제 광통교 아래로 들어가 보아요. 다리의 양끝 아래를 받치고 있는 받침돌 중에 주변의 돌과 달리 빛이 바랜 옛 돌들이 쌓여 있어요. 그중에서 무늬가 새겨져 있는 돌들을 찾아보세요. 다리 아래서 벽을 살펴보면 구름 무늬와 불상이 새겨진 돌들이 보여요. 어, 그런데 받침돌 중에는 아래 사진에서 보는 것처럼 불상이 뒤집혀 보이게 거꾸로 쌓아 놓은 돌이 있네요. 이건 또 왜 그럴까요?

광통교
광통교는 사진에서처럼 원래의 구조물과 새로 만든 구조물이 함께 어울려 새로운 모습이 되었어요.

　　　　　모양이 다른 난간 기둥과 무늬가 새겨진 이 돌들에는 복잡한 역사적인 사건이 얽혀 있답니다. 바로 태종 이방원이 왕으로 즉위하기 전에 일으킨 왕자의 난과 그 이후에 일어난 사건들이에요. 자, 그러면 지금부터 광통교와 왕자의 난

광통교 아래의 석축
불상과 구름 무늬가 거꾸로 보여요.

사이에 어떤 사연이 숨어 있는지 알아보아요.

역사의 소용돌이 속에 피로 물들다

태종은 1408년 태조 이성계가 승하하자 그 이듬해 지금의 정동에 있던 신덕왕후 강씨의 무덤을 도성 밖인 현재의 정릉동으로 옮기도록 시켰어요. 신덕왕후는 태조가 아주 사랑했던 왕비였어요. 1398년 이방원이 1차 왕자의 난을 일으켰을 때 살해된 세자 방석과 방번의 친어머니였어요. 즉 태종에게는 새어머니였고, 태종이 죽인 이복동생들에게는 친어머니였지요. 태조는 사랑하는 왕비의 무덤을 궁궐 가까이에 두고 싶어했지만 태종은 새어머니의 무덤을 궁궐 가까이 두고 싶어하지 않았어요. 그래서 무덤을 도성 밖으로 옮기도록 했답니다.

그런데 때마침 1410년 청계천에 큰 홍수가 나 광통교가 무너져 내렸어요. 광통교가 처음에는 흙으로 되어 있었거든요. 그래서 다시 다리를 짓기로 했어요. 이번에는 돌로 튼튼하게 만들 계획을 세웠지요. 그때 신덕왕후의 무덤 터에 남아 있던 돌들을 가져다 광통교의 난간 기둥과 가로대, 그리고 받침돌 등으로 사용하도록 했답니다. 태종은 신덕왕후의 무덤에 사용한 돌들을 다리의 건축 자재로 사용해서 사람들이 마구 밟고 다니도록 한 거예요. 또, 돌에 새겨진 불상이 거꾸로 뒤집히는 것도 신경쓰지 않고 다리의 석축을 마음대로 쌓아 올렸어요. 이는 태조가 신덕왕후의 자식인 방석에게 왕위를 물려 주려 한 것에 대해 태종이 새어머니의

광통교 기둥에 숨은 과학

기둥을 잘 보면 마름모 꼴로 세워져 있었어요. 왜 기둥을 모서리가 나란하게 세우지 않았을까요? 이렇게 한 것에는 다 이유가 있답니다. 청계천에 비가 많이 와 흐르는 물의 양이 많을 때에는 모서리가 물이 흘러가는 방향에 직각으로 놓여 있으면 물이 잘 흘러가지 않지요. 반면에 뾰족한 부분이 약간 비스듬하게 놓여 있으면 많은 양의 물이 한거번에 흘러도 막히지 않고 잘 흘러간답니다. 물과 기둥의 마찰력을 줄인 거예요.

물 흐르는 방향 →

👤 승하
왕이나 존귀한 사람이 죽은 것을 이르는 말이에요.

어디 만큼 왔니?

청계광장에서 시작한 여행이 어디쯤 왔는지 아래 지도 그림에서 확인해 보아요.

숨어 있는 광통교 찾기

광통교는 청계천 위에서뿐만 아니라 모형으로도 만날 수 있어요. 어디냐고요? 바로 신한은행 본사 건물 옆이랍니다. 이곳에 가면 광통교와 같은 모양의 작은 다리를 만날 수 있어요. 그 아래로는 작은 연못이 있고 그 속에서는 물고기들이 살지요. 청계천을 내려가다 찾아보세요.

무덤에 앙갚음을 한 것이지요. 다시 한번 무늬가 새겨진 다리의 받침돌과 빛바랜 구슬 모양의 난간 기둥을 보아요. 오래전 치열했던 역사적 상황이 느껴질 거예요.

광통교의 위치는 원래 자리가 아니다?

광통교 바로 다음에 있는 다리의 이름은 광교예요. 아니, 광통교의 다른 이름이 광교인데 어떻게 된 일일까요? 원래 광통교의 위치는 현재 광교가 있는 곳이었어요. 그런데 현재의 광통교는 원래 위치에서 상류 쪽으로 155미터 옮겨 복원한 거예요. 남대문로로 이어지는 교통량이 많아 공사가 진행되면 교통의 흐름을 방해하고, 복원한 다리가 많은 교통량을 견디지 못할 것으로 판단했기 때문이지요. 그래서 원래 위치의 다리에는 '광교', 상류에 복원한 다리에는 '광통교' 라고 이름을 각각 달리 붙였답니다.

여기서 잠깐!

다리의 구조를 알아보아요.

다음 그림은 광통교를 복원하기 위해 임시로 그린 그림이에요. 다리의 각 부분은 어떤 이름을 갖고 있으며 어떤 역할을 할까요? 아래의 설명을 읽어 보고 네모 안에 맞는 말을 써 보세요.

▶힌트: · 교대 : 다리 양쪽 끝에 있는 다리 받침을 말해요.
· 석축 : 청계천 양쪽 가장자리에 주변의 흙이 무너져 내리지 않도록 돌을 쌓아 올려 만든 옹벽이며 영조 때 공사를 했지요.
· 난간 : 다리의 양 가장자리에 나무나 돌 등으로 가로와 세로로 세워 놓은 살을 말해요.
· 상판 : 다리의 윗부분으로 사람이나 차가 통행하는 통로를 말해요.

왕자의 난과 청계천

왕자의 난은 조선 초기 태조의 왕자들이 왕위를 서로 차지하려고 벌인 싸움이에요. 조선을 건국한 태조 이성계는 두 명의 왕비 사이에서 8명의 왕자와 3명의 공주를 두었어요. 그런데 첫번째 부인인 신의왕후는 태조가 왕이 되기 전에 죽었어요. 태조가 왕이 되자 두번째 부인인 신덕왕후가 왕비 자리에 올랐어요. 신덕왕

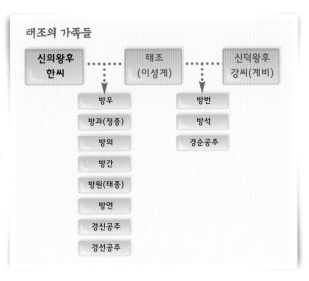

태조의 가족들

신의왕후 한씨		태조 (이성계)		신덕왕후 강씨(계비)
방우				방번
방과(정종)				방석
방의				경순공주
방간				
방원(태종)				
방연				
경신공주				
경선공주				

후는 당연히 자신의 아들을 세자 자리에 앉혔지요. 그런데 신덕왕후가 죽자 태조는 정치에 흥미를 잃어버리고 말았고 왕자들 사이에 세력 다툼이 생길 빌미를 제공했지요.

결국 1398년 8월 25일, 방원을 비롯한 신의왕후 한씨의 왕자들이 사병을 동원하여 정도전, 남은, 심효생 등 반대파 세력(방석 지지 세력)을 습격하여 살해하고, 신덕왕후 강씨의 아들인 세자 방석과 방번을 죽인 사건이 일어났어요. 이 사건을 '제1차 왕자의 난' 이라고 해요. 또, 1400년 정월, 방원의 바로 위의 형인 넷째 방간이 박포라는 사람과 함께 사병을 동원하여 일으킨 사건을 '제2차 왕자의 난' 이라고 해요. 하지만, 방원은 자신의 사병들을 동원해서 그들을 진압했고, 이 일로 인해 방원은 정종의 왕위를 물려받을 세제*의 자리를 차지하게 되었답니다.

*세제 : 왕위를 이어받을 것으로 정해진 왕의 동생을 말하죠. 만일 왕의 아들이면 '세자' 라고 해요.

삼일교랍니다.

장통교 아래에 설치된 정조의
화성 행차 그림이에요.

장통교예요.

장통교·삼일교·수표교 터에서

이제 장통교와 삼일교, 수표교를 둘러볼까요. 장통교는 근처에 '장통방'이라는 동네 이름 때문에 붙여졌어요. 장통방은 오늘날 관철동과 장교동이 있던 지역을 말했거든요. 조선 시대에는 서울을 한성부라는 행정 구역으로 불렀어요. 한성부에는 동부·서부·남부·북부·중부의 5부가 있었고, 5부는 다시 52방으로 나누어 관리했지요. 장통방은 그 52방 중의 하나로 중부에 속했답니다. 조금 더 하류에 있는 삼일교는 청계천이 복개될 때 건설된 삼일고가도로가 시작되는 지점이어서 그 이름을 따서 붙인 거예요. 그럼, 장통교와 삼일교, 수표교 근처에는 어떤 역사적인 흔적들이 남아 있는지 출발해 볼까요?

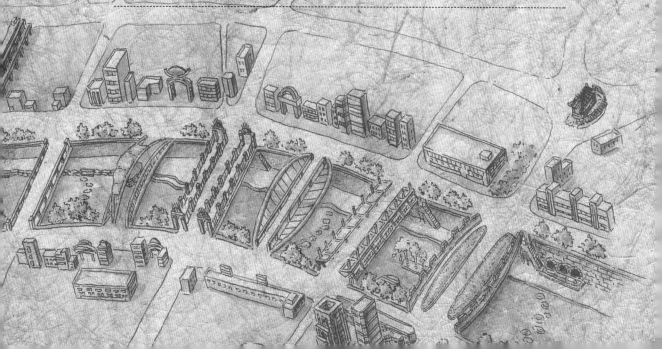

은행이 탄생한 곳, 광교

광교 근처의 신한은행 앞에는 옛 한성은행의 터를 알려 주는 표석이 있어요. 한성은행은 1897년에 우리나라 민간 자본으로 세운 은행이에요. 여러 사람들이 돈을 낸 주식회사 형태의 은행이었지요. 은행이 이곳에 설립되었던 것은 광교를 이용하는 사람들이 그만큼 많았다는 사실과 주변에 자금을 필요로 하는 상인들이 많았다는 사실을 말해 주고 있어요.

광교 근처에 있는 신한은행 건물이에요.

안타깝게도 한성은행은 오래가지 않아 운영이 어려워져 곧 문을 닫았어요. 하지만 19세기 말 항구를 개방한 뒤 침투해 오던 일본의 금융 기관과 상인들에 맞서 우리나라 사람들이 힘을 모아 만든 은행이라는 데서 의미를 찾을 수 있어요. 이후 한성은행은 1903년에 다시 문을 열었어요. 이 외에도 한성은행에 앞서 관료들을 중심으로 한 조선은행이 세워졌고, 1899년에도 천일은행이 설립되었어요.

한성은행 첫 영업소가 있던 곳을 알려 주는 표석

그러나 당시 세 은행은 운영 자금이 부족하고, 운영 방식이 서툴렀으며, 일본의 방해로 일본 금융의 지배 아래 들어간 적도 있었어요. 하지만 외세의 경제적 침탈에 대응하여 우리 스스로 은행을 설립했다는 데서 의미를 찾을 수 있어요.

어디만큼 왔니?

청계광장에서 시작한 여행이 어디쯤 왔는지 아래 지도 그림에서 확인해 보아요.

정조의 효심이 깃든 장통교

광교를 뒤로 하고 하천을 따라 내려오다 보면 장통교가 나와요. 그런데 이 근처에 이르면 다리 아래에 타일로 표현한 옛 그림을 확인할 수 있어요. 이 그림은 〈정조 대왕 능행반차도〉랍니다.

장통교
이 근방이 조선 시대의 장통방(조선 시대 5부 52방 가운데 하나)이 있었으므로 붙여진 이름이에요.

그림을 보면 수많은 사람들이 줄지어 어딘가를 향해 가고 있어요. 조선 22대 왕인 정조가 이미 돌아가신 아버지 사도 세자와 어머니 혜경궁 홍씨의 회갑을 맞아 1795년에 어머니를 모시고 아버지의 묘소가 있는 화성(지금의 수원)으로 행차하는 모습을 담고 있지요. 반차도란 나라의 의식에 문무백관이 늘어서는 행사 장면을 그린 그림이에요. 이 벽화는 왕이 1,779명의 사람들과 함께 화성으로 가는 모습을 보여 주고 있어요. 수많은 사람뿐만 아니라 779필이나 되는 말을 모두 그려 놓았다니 정말 대단하지요. 그렇다면 타일은 모두 몇 개가 사용되었을까요? 4,960장이랍니다. 크기는 길이가 186미터, 폭이 2.4미터예요. 매우 긴 그림이죠? 이 규모는 세계 최대로, 현재 기네스북에 오를 만한

천칠백여 명의 사람이 하루 만에 화성을 다녀왔나요?

그렇지 않아요. 그 먼 거리를 천칠백여 명이 이동하기란 쉬운 일이 아니거든요. 기록에 의하면 이 그림에 나타난 1795년의 능행은 윤 2월 9일부터 윤 2월 16일까지 이루어졌어요. 8일에 걸쳐 이동한 것이지요. 그렇다면, 그들은 8일 동안 어디서 머물렀을까요? 정답은 '행궁' 이에요. 왕이 먼 거리를 여행할 때는 이동 경로 중간이나 도착하는 곳에 왕과 그 일행이 머물 행궁이 필요했어요. 물론 규모는 서울에 있는 궁궐에 비해서는 작았지요. 그런데 유난히 큰 행궁도 있었어요. 바로 정조가 도착해서 머물렀던 화성행궁이에요. 576칸의 웅장한 규모로 조선 시대 최대의 행궁이었어요.

어디 만큼 왔니?

청계광장에서 시작한 여행이 어디쯤 왔는지
아래 지도 그림에서 확인해 보아요.

사도 세자
조선 영조의 둘째 아들
이에요. 영조의 노여움
을 사서 뒤주 속에 갇
혀 죽었어요.

추존
높여서 우러르고 공경
한다는 뜻이에요.

수원 화성
현재 세계문화유산으로
지정되어 있어요.

가치가 있다고 해요.

이 벽화는 이미 널리 알려진 정조의 효심을 다시 한번 생각하게 만들어요. 그것은 뒤주 속에서 안타깝게 죽어 갔던 **사도 세자**의 죽음과 관련이 있어요. 세손 시절 정조는 11살의 나이에 아버지의 비참한 죽음을 지켜볼 수밖에 없었어요. 아버지의 죽음을 막으려고 노력했으나 역부족이었지요. 이런 상황이 아버지와 어머니에 대한 효심을 더욱 깊게 만들었지요. 그래서 정조는 왕위에 있을 때 사도 세자를 장헌 세자로 **추존**했어요. 뿐만 아니라 자신의 정치적 이상을 실현하기 위해 건설한 **수원 화성** 근처로 사도 세자의 묘를 옮겼지요. 그 후 정조는 벽화에서처럼 많은 사람들을 데리고 13차례나 화성에 다녀왔어요. 이렇게 장통교 아래에 있는 〈정조대왕능행반차도〉에서 정조의 효심과 조선 후기의 역사적 상황을 엿볼 수 있답니다.

여기서 잠깐!

가마와 말의 이름을 알아맞혀라!

〈정조 대왕 능행반차도〉 전체 그림을 둘러보았나요? 혹시 그림에서 정조와
혜경궁 홍씨를 찾았나요? 그렇다면, 그 가마의 이름과 말의 이름을 적어 보세요.

• 정조의 가마	
• 정조의 말	
• 혜경궁 홍씨의 가마	

▶힌트 : 25쪽의 글을 읽어 보면 잘 알 수 있을 거예요.   정답은 56쪽에

〈정조 대왕 능행반차도〉에 정조대왕이 없다?

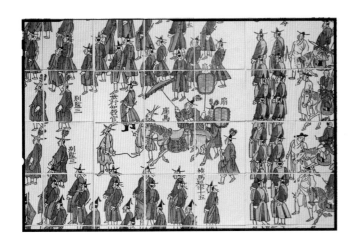

수많은 사람과 말이 그려진 그림 속에 정조와 혜경궁 홍씨가 어디 있는지 보이나요? 원래 정조는 왕이 타는 가마인 정가교(正駕轎)에 타고 있어야 하지만 비어 있어요. 또, 전체 그림을 샅샅이 뒤져 봐도 정조의 모습은 그려져 있지 않아요. 그렇다면, 정조가 이 행렬에 참여하지 않았을까요? 그랬을 리는 없지요. 그림에서 정조를 찾을 수 없는 이유는 정조를 그리지 않았기 때문이에요. 당시에는 왕을 반차도 같은 그림에 감히 그릴 수 없었답니다. 그리고 이 날 정조는 가마를 타지 않았어요.

그럼 정조는 어디에 있을까요? 장통교를 조금 지난 부분을 보면 유난히 경비가 삼엄하고 심지어 총을 어깨에 멘 병사들이 호위하고 있는 부분이 있어요. 그 가운에 사람을 태우지 않은 황금빛 말이 있지요. 정조는 바로 그 말 위에 타고 있었어요. 좌마(座馬)* 옆에 그려진 산*과 선*으로 왕이 있는 것을 알 수 있어요. 정조의 어머니인 혜경궁 홍씨의 가마는 '자궁가교(慈宮駕轎)'로 표시되어 있답니다. 정조의 정가교와 좌마 사이에 있으니 한번 찾아보세요. 하지만 가마 안에 타고 있으니 얼굴은 볼 수 없답니다.

효성이 지극했던 정조

정조는 매우 효심이 깊었어요. 화성 행차 중에도 정조의 효심을 엿볼 수 있는 일화가 있답니다. 정조가 혜경궁 홍씨와 수원으로 가던 어느 날, 비가 주룩주룩 내렸어요. 그러자 정조는 험한 길에 들어설 때마다 직접 말에서 내려 어머니의 가마로 다가가 어머니의 안부를 묻기도 했답니다. 옷이 비에 젖는 것은 아랑곳하지 않고 말이에요.

*좌마 : 벼슬아치가 타던 관아의 말이에요.
*산 : 비단이나 천으로 만든 가리개를 말해요. 비나 해를 가리기 위해 사용했어요.
*선 : 꿩의 깃털을 짜 만든 부채예요. 특히, 왕이 사용하는 것은 용선이라고 했어요.

근대화의 자취가 남아 있는 삼일교

삼일교의 왼쪽을 보면 위로 올라가는 계단이 보여요. 잠시 위로 올라가 주변을 둘러보세요. 다리 위에 올라서면 남쪽으로는 서울 타워가, 북쪽으로는 삼일로 끝에 탑골 공원이 보여요.

삼일교
삼일교는 삼일절을 기념 하기 위해 이름 붙인 삼 일로 가까이에 있어 이 름을 따왔어요.

그런데, 왼쪽 길 건너편을 보면 유난히 진한 색 건물이 눈에 띄어요. 바로 삼일빌딩이지요. 지금은 사라진 청계고가도로와 함께 1970년대 한강의 기적과 서울의 현대화를 상징했던 건물이에요. 31층으로 세운 삼일빌딩은 1970년 건설될 당시만 해도 우리나라에서 가장 높은 빌딩이었어요. 또, 여러분이 서 있는 곳 위로 뻗어 있었던 청계고가도로도 그 당시 근대화 상징물 중의 하나였어요. 지금은 청계천을 복원하면서 철거되고 비우당교와 무학교 사이에 교각 3개만 기념으로 남아 있어요.

이렇게 청계천 주변에는 조선 시대와 현대에 이르기까지의 다양한 역사적 흔적들이 남아 있답니다.

어디만큼 왔니?

청계광장에서 시작한 여행이 어디쯤 왔는지 아래 지도 그림에서 확인해 보아요.

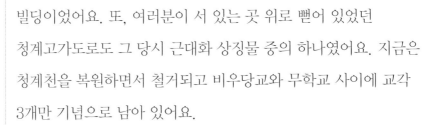

한강의 기적과 그 뒤의 그림자

'한강의 기적'이라는 말을 들어 보았나요? 이 말은 1960년대부터 시작된 우리나라의 비약적인 경제 성장과 발전을 두고 한 말이에요. 현재는 철거되고 없는 청계 고가도로와 지금 보고 있는 삼일빌딩도 그 경제 성장 과정에

건설된 것들이랍니다.

우리나라는 1960년대에 추진된 경제 개발 계획에 따라 빠르게 성장했어요. 그 결과 1970년대 후반부터는 수출액도 100억 달러를 넘었고, 경제 성장률도 8퍼센트를 이루어 냈지요. 최근의 연 경제 성장률이 2~5퍼센트 정도인 것을 보면 대단한 성장이었지요. 이런 경제 성장은 농업 사회였던 우리나라를 산업 사회로 변화시켰지요. 길지 않은 시간에 그 정도의 성장을 했다는 것은 높이 평가해야 하겠지요?

하지만 한강의 기적이 밝은 면만을 가진 것은 아니었어요. 그 뒤에 어두운 그림자도 함께 있었답니다. 중소기업보다는 대기업과 재벌들에게, 농촌보다는 도시에 경제력이 집중되었지요. 또, 정부와 기업에서는 **노사 분규**가 경제 성장에 걸림돌이 된다고 판단해 강제로 노동자들을 억압하고 노동 운동을 못하게 했어요. 회사와 일하는 사람들 사이에 갈등이 심각해진 것이지요.

한편, 도시에 경제력이 집중되면서 사람들이 도시로 몰려들어 도시 인구가 폭발적으로 늘어난 것도 문제였어요. 이에 따라 주택 문제, 교통 문제, 실업 문제, 빈곤 문제 그리고 환경 문제 등 도시 문제가 심각하게 나타났거든요. 주변 상황에 대해서는 전혀 살피지 않고 오로지 경제가 성장하는 쪽으로만 정책을 추진했던 결과였지요.

오늘날에는 이러한 문제들을 해결하기 위해 정부나 시민 단체 등이 나서서 적극적으로 노력하고 있어요. 여러분이 지금 돌아보고 있는 이 청계천의 복원도 급속한 성장 때문에 돌보지 못했던 곳의 묵은 때를 벗겨 내고 도시의 환경 문제를 바꾸어 보려는 노력에 따라 이루어진 것이라고 볼 수 있답니다.

노사 분규
노동자와 사용자 사이에 이해 관계가 충돌하면서 일어나는 여러 가지 문제를 말해요.

근대화의 상징이었던 삼일빌딩

홍수를 대비하라, 수표교

수표교
1420년(세종 2)에 세운 다리로, 처음에는 소와 말을 거래하던 우마전 앞에 있어 마전교라 불렸어요. 그러다 1441년(세종 23)에 다리 서쪽에 수표석을 세우면서 수표교라 부르게 됐어요.

자, 조금 더 내려가 보면 나무로 만든 다리가 보일 거예요. 이 다리는 **수표교**예요. 청계천의 다리는 모두 돌로 만들어졌는데 수표교는 왜 나무 다리일까요? 현재 장충단 공원에 있는 것을 나중에 복원하기 위해 임시로 설치해 놓았기 때문이에요. 그리고 수표교가 처음 청계천에 놓였을 때에는 나무 다리였음을 알리려는 뜻도 있어요. 사실 수표교는 다른 다리들보다 더 보존 상태가 좋았는데 이번에 복원하지 못했답니다.

수표교의 길이가 지금 청계천의 폭보다 길어 원래 모습대로 복원하기 어려웠기 때문이에요. 수표교라는 이름은 청계천의 물 높이를 재기 위해 세종 23년(1441년)에 수표가 이곳에 설치되어 붙여졌답니다.

엉뚱한 곳에 있는 진짜 수표교

그럼 이 나무다리를 대신하게 될 진짜 수표교는 어디에 있을까요? 1959년에 장충동의 **장충단 공원**에 옮겨졌답니다. 그리고 보니 수표도 보이지 않네요. **수표**는 세종이 처음 세웠고,

수표교 옆에 있던 수표
청계천의 수심을 측정했어요. 1973년에 세종대왕기념관에 옮겨 보관하고 있는 수표는 보물 제838호로 지정되어 있어요.

조선 시대 청계천에는 홍수가 자주 일어났어요. 이를 대비하기 위해 수표교 옆에 수표를 설치했어요. 청계천의 물 높이를 재기 위해서였지요.

어디 만큼 왔니?

청계광장에서 시작한 여행이 어디쯤 왔는지 아래 지도 그림에서 확인해 보아요.

영조와 순조 때 다시 세웠는데, 지금 남아 있는 수표는 순조 3년(1833년)에 만든 거예요. 수표교와 함께 장충단 공원으로 옮겨졌다가 지금은 세종대왕기념관 옆에 서 있답니다. 수표는 돌기둥에 눈금을 새겨 청계천의 수위를 측정해 가뭄과 홍수에 대비하는 데 쓰였지요. 수표와 수표교가 원래의 위치에 있지 않은 것도 안타깝지만 그마저도 서로 떨어져 있다니 더 안됐지요. 하지만 언젠가 수표와 수표교가 원래의 위치에서 만날 날이 왔으면 좋겠네요.

🦆 장충단 공원
1900년에 고종이 세웠어요. 이곳에 나라를 위해 싸우다 죽은 충성스러운 신하와 열사를 모시고 제사를 지내던 장충단이 있었어요.

🦆 수표
하천 물 높이를 측정할 수 있는 조선 시대의 기구예요. 측우기와 함께 세종 때 만든 대표적인 과학 기기랍니다.

서울 깍쟁이와 수표교의 거지들

'깍쟁이'란 말을 들어 본 적이 있나요? 이 말은 인색하고 얄밉도록 눈치가 빠르다는 뜻이에요. 원래 깍쟁이는 '깍정이'에서 유래한 말로 서울에 살던 거지를 뜻했어요. 그런데 점차 시간이 흐르면서 그 뜻이 변해 지금과 같은 뜻으로 바뀌었지요. 실제로 청계천 다리 밑에는 거지들이 산난한 움막을 짓고 살았어요. 특히 사람들이 많이 다니는 광통교와 수표교 아래에 많이 살았는데, 연초가 되면 정부에서 **구휼미**를 주기도 했어요. 참, 일제 강점기 때 청산리 전투에서 맹활약한 김좌진 장군의 아들 김두한이 거지들과 함께 생활을 하며 자란 곳도 이 수표교 아래였어요.

또, 뱀을 잡는 사람들을 뜻하는 '땅꾼'이라는 말을 들어 보았나요? 이 말이 바로 청계천변의 거지들을 부르던 말이었다고 해요. 청계천 주변에 얽힌 이야기도 참 많지요? 아직도 남은 이야기가 많아요. 계속해서 청계천을 따라가며 살펴볼까요?

💰 구휼미

뜻밖에 일어난 재앙이나 어려움을 당한 사람 또는 가난한 사람을 돕는 데 쓰이는 쌀을 말하지요.

장충단 공원에 있는 수표교

숙종과 장희빈이 만난 다리

수표교는 광통교와 함께 청계천을 사이에 두고 북촌과 남촌을 연결하는 주요 다리였어요. 그리고 왕의 행렬이 지나다니던 주요 통로이기도 했지요. 숙종과 장희빈의 만남도 이 다리에서 이루어졌다는 사실을 알고 있나요?

숙종이 전대 왕들의 영정을 모신 영희전을 참배하고 궁궐로 돌아가는 길이었어요. 영희전*을 출발해 궁궐로 돌아가기 위해 수표교를 건너던 숙종의 눈에 한 아리따운 처녀가 들어온 거예요. 숙종을 태운 가마가 수표교를 지날 때에 왕이 지나가는 행렬을 지켜보려고 문밖으로 고개를 내민 여인이 바로 장희빈이었어요. 숙종은 궁에 돌아가서 그 여인을 궁궐로 불러들였지요. 장희빈은 일개 궁녀의 신분으로 궁에 들어갔지만 후에 숙종의 왕비가 된 인물이에요. 하지만 숙종이 내린 사약을 먹고 비참한 죽음을 맞이한 여인이기도 합니다. 후에 장희빈이 낳은 아들 균이 숙종의 뒤를 이어 왕이 된 경종이랍니다.

*영희전은 조선 역대 왕들의 영정을 모신 곳으로, 설날·한식·단오·추석·동지·섣달 그믐날에는 왕이 직접 행차하여 이곳에서 제사를 지냈어요.

청계천 옆에 늘어선 ~
평화시장이에요.

버들다리 위에 서 있는
전태일 동상이에요.

오간수교랍니다

버들다리와 오간수교에서

자, 이제 수표교의 옛 터를 지나 관수교, 세운교, 베오개다리, 새벽다리, 마전교, 나래교, 버들다리까지 내려가세요. 흐르는 물소리 바람소리를 들으며 산책하듯 가벼운 마음으로 말이에요. 잠깐, 어디까지 왔나요? 오른쪽 도로 위로 평화시장이 보이나요? 평화시장 앞에 있는 버들다리가 보이기 시작하면 심호흡을 한번 하세요. 여러분은 지금 또 다른 역사의 현장 속으로 들어가는 거예요.

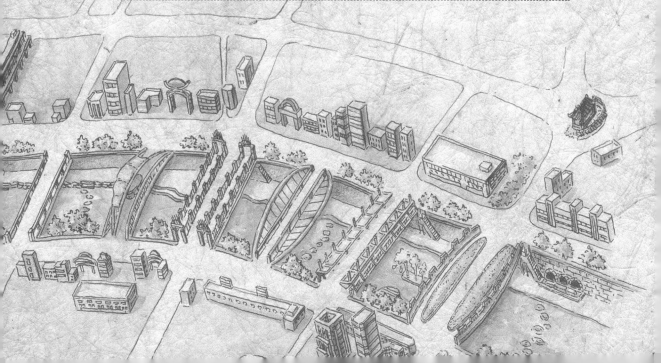

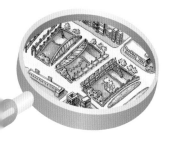

시장으로 가는 다리, 마전교

마전교
청계천 근처 옛 다리의 이름으로, 다리 부근에 소와 말을 사고팔던 마전이 있었던 것에서 유래했어요.

하천을 따라 내려오면서 양쪽에 세운전자상가, 방산종합시장 등 상가들이 줄지어 있는 것을 보았나요? 각종 공구나 전기 설비 및 조명 자재, 전자 제품, 의류 등 팔지 않는 것이 없답니다. 그렇게 내려가다 마전교를 지나 오른쪽 도로 위를 바라보면 '평화시장' 간판이 눈에 들어와요. 청계천변을 답사한다면 이 평화시장을 빼놓을 수 없지요.

아니, 시장에서 무슨 역사를 찾느냐고요? 역사적인 사건은 항상 사람이 많이 있는 곳에서 일어난답니다. 특히, 특별한 사연을 가진 사람들이 모여 시작한 평화시장은 더욱 그렇지요. 과연 이곳에서는 어떤 일이 일어났을까요? 수많은 사람들이 북적거리는 평화시장으로 함께 가 볼까요?

평화시장은 한국 전쟁을

어디만큼 왔니?

청계광장에서 시작한 여행이 어디쯤 왔는지 아래 지도 그림에서 확인해 보아요.

1960년대 청계천 주변의 판자촌
청계천 양쪽으로 빼곡하게 들어찬 판자촌이 보이고,
그 앞으로 청계천 복개공사가 진행되고 있어요.

겪으면서 피난민들이 모여 들어 몇 대의 재봉틀로 옷을 만들거나 미군들의 군복을 염색해서 팔던 것에서 출발했어요. 전쟁이 끝나면서 청계천 주변에는 피난민들의 **판자촌**들이 들어서기

🧑 **판자촌**
널빤지로 허술하게 지은 집이 모여 있는 동네를 가리켜요.

시작했는데, 그때 노점상들도 몰려들어 상권을 형성했지요.

그런데 1958년에 근처에 큰불이 나서 청계천변에 몰려 있던 판자촌과 노점상들이 그만 불타 사라지고 말았어요. 그 자리에 지금의 현대식 평화시장이 들어섰지요. 평화시장이라는 이름은 북한에서 고향을 버리고 내려온 피난민들이 평화 통일을 바라는 마음에서 붙인 것이에요. 이렇게 평화시장은 우리의 아픈 역사와 함께했던 역사적 공간의 하나이지요.

전쟁과 시장

전쟁으로 피난민들이 많이 모인 곳에는 대규모 시장이 생겼어요. 청계천변의 평화시장과 마찬가지로 부산의 국제시장도 한국 전쟁 당시에 피난민들에 의해 만들어졌지요. 부산으로 이렇게 모여든 사람들은 팔 수 있는 것들은 모두 들고 나왔고, 자연스럽게 시장이 생겼어요. 그런데 재래 시장이었던 국제시장도 1953년에 평화시장처럼 대규모의 화재로 잿더미가 되었어요. 하지만 전쟁이 끝난 뒤에 다시 시장이 생겼고 지금까지 부산의 주요 시장으로 남아 있답니다.

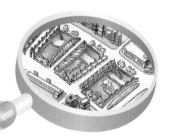

전태일이 살아 있는 버들다리

버들다리
오간수문 상류에 왕버들
이 많았다는 데서 이름
을 따왔어요.

🏛 **근로 기준법**
근로자의 기본적 생활
을 보장, 향상시키기 위
하여 근로 조건의 기준
을 규정한 법률이에요.

버들다리를 지나가기 전에 놓여 있는
징검다리를 건너 다리 오른쪽 계단을 통해
버들다리 위로 올라가 볼까요? 다리 가운데 아주
큰 은빛 동상 하나가 서 있어요. 보통 사람들의
키만 한 상반신의 남자는 무엇인가를 깊이
생각하는 듯한 표정으로 복원된 청계천을
바라보고 있지요. 이 동상의 주인공은 바로 '아름다운 청년,
전태일' 이에요. 평화시장 앞에서 "**근로 기준법**을 준수하라!",
"우리는 기계가 아니다!"라고 외치며 온몸을 불사른 22살의
청년이지요.

아름다운 청년, 전태일

전태일 동상의 큼직한 손을 한번 만져 보세요.
수많은 노동자를 위해 자신을 희생했던
전태일의 마음이 느껴지나요? 전태일은
참으로 따뜻했던 사람이었어요. 불쌍한
사람들을 보면 그냥
지나치지 못했어요.
이 청년의
어머니는 물론
함께 일했던 동료들이
느낀 전태일에 대한 기억은 한결같이
자상하다는 거예요. 같은 공장에서 일하던

전태일 동상
버들다리 중간에 서서 우리를
지켜보고 있는 것 같아요.

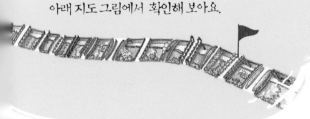

어디 만큼 왔니?

청계광장에서 시작한 여행이 어디쯤 왔는지
아래 지도 그림에서 확인해 보아요.

어린 여공들이 지쳐 배고파 하면, 집에 돌아갈 차비를 털어 배고픔을
달래 주고 자신은 지친 몸을 이끌고 걸어서 집에 가곤 했어요.

전태일의 사람에 대한 순수한 사랑은 자연스럽게 **노동 운동**을
하도록 이끌었어요. 전태일은 자신이 열심히 일한 대가로 받은
월급을 모두 노동 운동에 쏟아부었고, 열정을 다해 시청과 언론사를
찾아다니며 노동자들의 힘든 처지를 알렸지요. 그러나
노력의 대가는 오히려 무시와 탄압으로 되돌아왔어요.
결국 전태일은 자신의 몸을 불살라 억울한 노동자들의
외침이 되고자 했지요. 이렇게 따뜻한 청년, 불의에
맞선 강한 청년의 모습을 보여 준 전태일은 오늘날
'아름다운 청년'으로 불리고 있답니다.

전태일 추모 동판

노동 운동
근로자가 근로 조건 개
선 등의 이익을 지키기
위하여 사용자측을 상
대로 단결해서 하는 조
직적인 운동이에요.

전태일은 살아 있다

"내 아들은 열사도 투사도 아니야. …… 그저 사람을
사랑했을 뿐이지."

이 말은 전태일의 어머니가 한 시사 주간지와의
인터뷰에서 한 말이에요. 아들에 대한 어머니의 마음이
이렇듯, 청계천의 복원을 계기로 다시 살아난 전태일에
대한 사람들의 마음도 같을 거예요.

전태일 동상 옆에 서 있다면 발아래를 보세요. 사람들의
이름이 적힌 **동판**으로 가득하지요? 끝내 이루지 못한
전태일의 바람에 보답이라도 하듯 시민들의 마음이
조각조각 모인 것이랍니다. 물론 전태일을 추모하는 의미도
있지만 전태일이 바라던 세상에 대한 시민들의 소망도 함께 들어
있지요. 그는 이미 수십 년 전에 세상을 떠났지만 이 거리에 서
있으면 전태일이 여전히 우리 가슴속에 살아 있음을 느낄 수 있답니다.

동판
평평한 구리 조각에 그
림이나 글씨 따위를 새
긴 인쇄 원판을 말해요.

멋진 글귀를 남겨 보세요 !

동판에 새겨진 글귀 중에 가장 인상적인 글귀를 하나 찾아
그 내용과 쓴 이의 이름을 적어 보세요. 또, 만일 여러분이
새기고 싶은 글귀가 있다면 적어 보세요.

• 인상적인 글귀 :

• 새기고 싶은 글귀 :

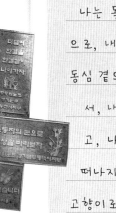

전태일 추모 동판

　　　이 결단을 두고 얼마나 오랜 시간을 망설이고 괴로워했던가?
지금 이 시각, 완전에 가까운 결단을 내렸다.

　　　나는 돌아가야 한다. 꼭 돌아가야 한다. 불쌍한 내 형제의 곁
으로, 내 마음의 고향으로, 내 이상의 전부인 평화시장의 어린
동심 곁으로. 생을 두고 맹세한 내가, 그 많은 시간과 공상 속에
서, 내가 돌보지 않으면 아니 될 나약한 생명체들. 나를 버리
고, 나를 죽이고 가마. 조금만 참고 견디어라. 너희의 곁을
떠나지 않기 위하여 나약한 나를 다 바치마. 너희는 내 마음의
고향이로다.

　　　오늘은 토요일. 8월 둘째 토요일. 내 마음에 결단을 내린 이
날. 무고한 생명체들이 시들고 있는 이때에 한 방울의 이슬이 되
기 위하여 발버둥치오니, 하느님, 긍휼과 자비를 베풀어 주시옵
소서.

　　　　　　　　　《전태일 열전》1970년 8월 9일 중에서

힘들었던 어린 노동자들의 생활

전태일이 평화시장의 어느 옷 공장에 취직해서 본격적으로 일하기 시작한 것은 17살 때였어요. 한창 학교에서 공부하고 친구들과 어울릴 나이였지요. 그 당시는 국가나 가정 모두 경제적으로 넉넉하지 않은 때였어요. 전태일 또래 중에는 가정 형편이 어려워 학교 공부를 포기하고 공장에 나가 일하는 경우가 많았어요. 전태일도 그중 한 명이었죠.

당시 개통된 지 얼마 되지 않은 청계고가도로에는 비싼 승용차들이 뽐내듯이 지나가고 있었어요. 하지만 그 옆 평화시장에서는 다락방처럼 생긴 옷 공장 안에서 수많은 어린 노동자들이 힘겹게 일하고 있었지요. 환풍기 없는 작업 공간에서 하루에 14~16시간 동안 일하면서도 임금은 턱없이 낮았어요. 이렇게 어렵게 일했던 어린 노동자들의 온몸은 병들어갔지만 생활은 결코 나아지지 않았지요.

《전태일 평전》을 보면 이런 현실에 대해 전태일이 표현한 부분이 나오지요. 당시의 어린 노동자들에게 어린이회관 앞 비석에 새겨져 있던 '웃고 뛰놀자, 그리고 푸른 하늘을 쳐다보며 오늘을 생각하고 내일의 꿈을 키우자.' 라는 글귀는 꿈 같은 이야기였다고 적고 있어요.

이렇게 1960, 70년대의 청계천변에는 근대화의 상징이었던 여러 현대식 건축물들과 평화시장에서 힘들게 살아가던 노동자들이 함께 어우러져 있었어요.

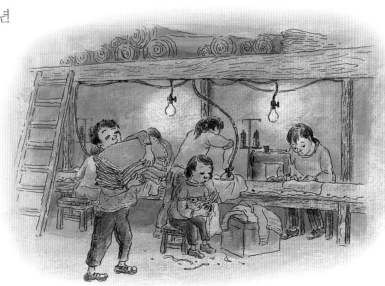

도성 안의 마지막 다리, 오간수교

오간수교
이곳에 성벽이 있었음을 알 수 있도록 성벽 모양으로 다리를 만들어 놓았어요.

이제 청계천 물줄기가 도성을 빠져나가는 지점에 놓여 있는 오간수교로 갈 거예요. 오간수교는 성벽에 뚫은 오간수문의 자리에 설치된 다리였어요. 오간수문은 청계천이 도성 밖으로 흘러 나가도록 성벽에 무지개 모양으로 뚫어 놓은 다섯 칸의 수문이었지요. 각 수문에는 사람들이 몰래 드나들지 못하도록 쇠창살이 설치되어 있었어요. 한양 도성의 동쪽 출입문인 흥인지문(동대문)에서 남쪽으로 이어지는 성벽이 지금 오간수교가 있는 곳으로 이어졌어요. 그래서 다시 만든 오간수교의 난간이 성곽 모양을 하고 있어요. 예전에 이곳에 성벽이 있었음을 알려 주고 있지요.

그럼 오간수교의 원래 모습은 어땠을까요? 다리 아래의 옛 사진을 보면 무지개 모양의 5개의 수문이 보여요. 그 문이 오간수문이고, 그 앞에 긴 돌로 이어져 있는 다리가 오간수교였어요. 1907년에는 하천의 물과 주변에서 떨어지는 흙이 쉽게 흘러내려 가도록 수문을 뜯었어요. 그 이듬해에는 파손된 성벽을 처리하고, 교통을 원활하게 하기 위해 동대문 북측 성벽과 남쪽의 오간수문의 성벽을 헐고 다리를 설치했답니다.

그런데 복원해 놓은 다리를 보니 옛 모습과 다르네요. 왜 그럴까요? 물의 흐름을 방해하지 않기 위해서 원래의 모습대로 복원하지 않았지요. 만일 원래

어디 만큼 왔니?

청계광장에서 시작한 여행이 어디쯤 왔는지 아래 지도 그림에서 확인해 보아요.

모양으로 복원했으면 물이 잘 흘러가지 않았을 거예요. 그래서 지금과 같은 모양으로 만들고, 오간수문과 오간수교의 옛 모양은 오간수교 옆에 그 모양만 만들어 놓았어요. 그럼, 오간수교 근처에서는 어떤 역사적 사건들이 있었는지 좀 더 둘러보면서 알아볼까요?

오간수교 옆에 옛모양을 본 떠 무지개 모양으로 둥글게 만들어 놓았어요.

백성을 위하는 마음이 담긴 준천 사업

오간수교 아래에는 오간수교의 옛 모습을 담은 사진과 함께 〈준천시사열무도〉가 있고, 그 건너편 벽에는 〈영조 어필〉, 〈준천가〉가 붙어 있어요. 모두 청계천 준천 사업과 관련이 있는 자료들이에요.

그런데 왜 준천 사업을 했을까요? 청계천 주변의 흙이 점차 시간이 지나면서 하천으로 흘러 들어와 쌓여서 하천을 얕게 만들었기 때문이에요. 다시 하천을 깊게 만드는 공사가 필요했어요. 그래야만 비가 많이 오는 여름에 갑자기 불어난 물이 하천 밖으로 넘치지 않거든요.

영조는 1760년 2월부터 20만 명을 동원하여 준천 사업을 시작했어요. 얕은 바닥을 깊게 만들고 구불구불한 뱀 모양의 물길을

문화의 벽
자연과 환경을 주제로 만든 현대 미술가 다섯 명의 작품이에요. 오간수문 상류에 설치되어 있어요. 각 작품의 크기는 가로 10미터, 세로 2.5미터랍니다.

문화의 벽 작품 중 하나. 작품명 생성-빛

준천 사업
청계천 바닥에 쌓인 모래나 자갈 따위를 긁어 내 바닥을 깊게 하는 것을 말해요.

준천시사열무도
오간수교 밑에 만들어놓은 타일 그림이에요. 조선의 제21대 왕인 영조가 청계천의 공사 과정을 지켜보고 있는 장면이에요.

곧게 만들어 물이 빠르게 한강으로 흘러 들어가도록 했지요. 그리고 하천의 양쪽 벽을 돌로 견고하게 쌓았어요. 이 준천 사업과 석축 공사로 큰비가 와도 제방이 무너지지 않아 영조는 흡족해 했어요.

오간수교 옛 모습
오간수교 아래 벽면에 옛 오간수교의 모습이 붙어 있어요.

이에 신하였던 채제공은 1773년 청계천 석축 공사가 끝난 뒤에 영조의 공덕을 찬양하는 준천가를 지었답니다. 이 준천가는 오간수교 아래에 가면 볼 수 있어요. '임금님 납시어 살피심에 피로를 모르시고' 라는 부분에서는 준천 사업에 대해 영조가 얼마나 큰 관심을 기울였는지 엿볼 수 있으며, '백성들 물난리로 고생하는 일 없게 되고' 라는 부분에서는 준천 사업이 백성들을 사랑하는 마음에서 비롯되었음을 짐작할 수 있답니다.

여기서 잠깐!

준천가를 완성해 보세요.
다음은 준천가의 일부를 적은 거예요. 빠진 부분에 들어갈 내용을 보기에서 찾아 채워 보세요.

국초에 나라의 틀 잡힘에 크게 힘 기울여
무지개다리 열두 개를 하늘에 솟구치듯 세웠네
나라 세워 사백 년 내려오는 동안
(   )

큰물 한번 쓸고 가면 한층 더 막히고
개천이 때로는 평지처럼 되었네
육칠월 도서에 (   )라도 들면
땅 위의 물이 무릎까지 차 올랐네
조정 대신들 의론이 분분할 제
성군의 결단은 명쾌하고 빠뜨림이 없었네
국고 재정 아낌없이 쏟아 붓고
장정들 쏜살처럼 떨쳐 나섰네

삼태기와 삽으로 곧장 바다까지 파내려
새긴 눈금 옛 모습 다시 드러났네
(   )

큰 수레 작은 배들이 연이어 오가네
임금님 납시어 살피심에 피로를 모르시고
물은 옛길따라 참으로 편하게만 흐르네
양쪽 언덕 십 리 길 시위처럼 곧바르고
삼영의 (   ) 이지러지고 빠진 곳 없네
맑은 물결 찰랑찰랑 수양버들 그늘지고
물 기운 환히 트여 성결이 비치네
(   )

땅 기운도 막힘이 없이 소통이 잘 되네……

보기

1. 모래더미 흙더미가 끊임없이 무너져 내렸네
2. 파 올린 모래는 만 길 높이로 언덕을 이루고
3. 백성들 물난리로 고생하는 일 없게 되고
4. 석축 공사
5. 장마

정답은 56쪽에

비밀통로로 쓰이기도 한 오간수교

조선 시대 의적하면 누가 떠오르나요? 장길산, 홍길동, 임꺽정 등이죠. 이 중에 오간수문과 관련된 인물이 있어요. 조선의 13대 왕인 명종의 실록 한 부분을 읽어 보면 알 수 있답니다.

포도대장 김순고가 아뢰기를, "풍문에 황해도의 흉악한 도적 임꺽정의 일당인 서임이 이름을 엄가이로 바꾸고 숭례문 밖에 와서 산다 하여 가만히 엿보다 잡아 범한 짓에 대하여 추문하였습니다." 그가 말하기를, "9월 5일에 우리가 장수원

에 모여 활과 도끼를 가지고 밤을 틈타 성 안에 들어가 전옥서의 옥문을 부수고 우리 두목 임꺽정의 처를 꺼내 가려고 하였다. 그런 다음 오간수구 (五間水口)를 부수고 나와야 하는데, 그곳을 지키는 군사들이 비록 알더라도 모두 잔약*한 군졸들이라 화살 하나면 겁을 줄 수 있었다."

- 명종 15년 11월 24일

굳게 닫힌 채 경비가 삼엄한 성문을 통해서 탈출할 수 없었던 임꺽정은 물이 흘러 나가는 곳인 오간수문의 쇠창살을 뚫고 탈출했어요.

하지만 이렇게 오간수문을 몰래 드나든 사람은 임꺽정만이 아니었을 거예요. 지난 2003년 말 공사 당시에 오간수교 아래 하천 바닥에서 오간수문의 쇠창살 조각과 600닢가량의 상평통보 꾸러미가 발견된 것을 보면 짐작할 수 있답니다. 상평통보는 조선 후기에 널리 사용되던 동전인데, 오간수문으로 몰래 드나들다가 흘렸을 거예요. 이 오간수문은 조선 시대에는 도성 안에서 죄를 지은 자가 도성을 빠져 달아나거나 밤에 몰래 도성 안으로 숨어드는 사람들의 통로로 곧잘 이용되었어요.

*잔약 : 가냘프고 약하다.

통곡과 만세 소리가 울려퍼진 역사의 현장

오간수교에 서서 가만히 눈을 감고 주변의 소리에 귀를 기울여 보세요. 무슨 소리가 들리나요? 차가 달리는 소리, 사람들이 떠드는 소리, 청계천 물소리밖에 들리지 않는다고요? 혹시 '땡, 땡, 땡, 땡' 전차가 달리는 소리는 들리지 않나요? 현재 남아 있는 흔적은 없지만 이곳은 중요한 역사의 현장이었어요. 그럼 귀를 기울여 이야기를 들어 보세요.

지금으로부터 80여 년 전 이곳은 사람들의 통곡과 만세 소리로 가득찼어요. 1926년 4월 26일에 조선의 마지막 왕인 순종이 승하했는데, 6월 10일 순종의 장례 행렬이 이곳 오간수교를 지나고 있었지요. 그때 모여든 수많은 사람들이 장례 행렬을 지켜보면서 소리 내어 통곡했어요. 그 울음소리는 유난히 높았지요. 일제 강점기였던 당시 나라 잃은 슬픔까지 더해져 왕을 잃은 백성들의 슬픔이 더욱 컸던 것이에요. 일본은 이런 사람들의 마음을 알고 있었기 때문에 국민들의 비난이 두려워 장례식을 앞두고 장례 행렬이 지나갈 수 있도록 오간수교의 폭을 크게 넓혀 주었다고 해요.

그런데, 이날 오간수교 주변에서 엄숙한 장례 행렬만 지나간 것은 아니었어요. 바로 일본의 침략에 저항하는 국민들의 '독립 만세' 소리였어요. 1919년 고종의 장례식 때 3·1운동을 일으켰던 것처럼 순종의 장례 일에 맞추어 독립 만세 운동을 일으켰었거든요. 그것이 6·10만세 운동이랍니다.

독립을 외치는 만세 소리는 이곳 오간수교 주변뿐만 아니라 종로,

전차
공중에 설치한 전선으로부터 전력을 공급받아 땅위에 놓인 철길로 다니는 차예요.

순종
조선의 제27대 왕으로, 1907~1910년까지 4년간 왕의 자리에 있었어요. 1910년 일본에 통치권을 빼앗기고 일본은 순종을 이왕으로 낮추어 불렀어요.

왕의 장례식 기간은 왜 이렇게 길어요?

순종이 승하한 날은 4월 26일이었는데 장례는 6월 10일이었어요. 보통 사람이 죽으면 3일장, 5일장을 하는데, 순종의 장례 기간은 왜 이렇게 길었을까요? 그것은 장례식을 미룰 만한 특별한 일이 있었기 때문이 아니라 조선 시대 왕의 장례식 기간은 평민과는 달리 수개월이 걸렸기 때문이에요. 장례식을 총괄하는 국장도감은 왕이 승하한 날부터 모든 장례 절차가 끝나는 기간인 5개월 동안 설치되었지요. 고종도 1919년 1월 21일에 승하하였지만 장례식은 3월 3일에 이뤄졌어요. 그리고 그 이틀 전인 3월 1일에 3·1운동이 일어났었죠.

을지로, 흥인지문(동대문), 청량리로
이어지는 길목 길목마다 가득
찼어요. 이 만세 운동에는
어른들뿐만 아니라 학생들 수만여
명이 참여했어요. **전단지**를 뿌리고
만세를 부르며 동참하여 3·1운동
이후 학생들의 의식을 보여 주는
중요한 사건이었답니다. 오간수교를
건너며 독립 만세 소리가 울려
퍼지던 당시를 마음속으로 생각해 보세요.

순종의 장례식
이 행렬 뒤로 독립을 외치던 만세 소리가
울려 퍼졌어요.

👤 **전단지**
선전이나 광고 또는 선
동하는 글이 담긴 종이
쪽지를 말해요. 알림쪽
지라고도 해요.

여기서
잠깐!

청계천의 다리를 알아맞혀 보세요!

청계광장에서 시작한 체험학습이 청계천을 따라 오간수교까지 왔어요. 오간수교까지의
길이는 약 2.9킬로미터에 이른답니다. 걷기에는 조금 힘든 구간이지만 옛 한양 도성 안
청계천의 다리들은 모두 돌아본 거예요. 어떤 다리들을 지나왔는지
아래 지도를 보며 살펴보세요. 그리고 네모 안에 알맞은
다리 이름을 써 보세요.

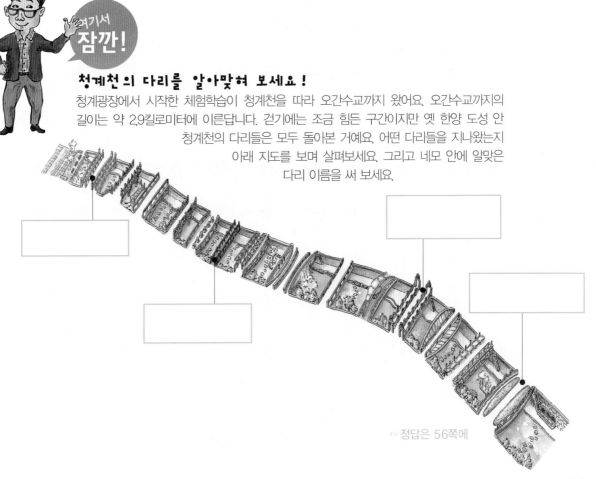

☞ 정답은 56쪽에

45

땅, 땅, 땅! 전차가 지나갑니다

여러분들이 서 있는 오간수교는 근대적 교통수단인 전차가 지나다니던 길이기도 했어요. 우리나라에 전차가 처음 다니기 시작한 것은 1899년이었어요. 지금은 땅 밑으로 전철이 다니지만 그때는 도로 위에 설치된 전차로를 따라 전차가 다녔지요. 첫 노선은 서대문에서 출발하여 종로, 흥인지문(동대문)을 거쳐 청량리까지 가는 노선이었어요. 바로 오간수교 옆을 지나는 노선이었죠.

전차를 처음 설치한 것은 한성전기회사였어요. 한성전기회사는 고종이 신하들을 거느리고 청량리에 있는 홍릉*으로 자주 행차했고, 그때마다 비용이 많이 든다는 사실을 알고 있었지요. 그래서 행차 비용을 줄이고 왕과 백성들이 전차를 편리하게 이용할 수 있다는 이점을 들어 전차를 설치할 것을 건의했어요. 이에 고종이 승인하게 되었고 전차를 설치하게 되었지요.

1899년 5월 17일 수많은 사람들이 전차를 구경하기 위해 몰려들었어요. 그동안 말이나 소가 끄는 우마차를 이용해 오던 사람들이 눈에 보이지도 않는 전기로 움직이는 전차를 보고 깜짝 놀라며 탄성을 지르는 모습을 떠올려 보세요. 그 당시에는 정말 신기한 구경거리였을 거예요.

전차에 경종이 달린 사연

전차가 생긴 지 얼마 안 됐을 때였어요. 5살 난 어린아이가 전차로를 건너다가 그만 전차에 치여 죽고 말았어요. 화가 난 아이의 아버지가 도끼를 들고 전차로 달려들자 운전사는 전차를 더 세게 몰아 달렸어요. 이때 주변에 있는 사람들이 함께 전차로 달려들어 전차를 부수고 불태워 버렸지요. 이후 고종은 사고 방지를 위한 조치를 내렸고 피해자들을 찾아내 보상을 하라고 지시했어요. 그리고 그 후부터 전차는 경종을 울리며 달리기 시작했답니다.

그런데 재미있는 것은 전차는 정류장이 따로 없었다는 거예요. 가다가 타려는 사람들이 있으면 세워서 수시로 태웠답니다. 하지만 초창기에는 전차를 타려는 사람들이

* 홍릉은 명성황후가 잠들어 있는 곳이에요. 처음에는 홍릉이 청량리에 있었지만 1919년 고종이 승하하자 경기도 남양주시 금곡동으로 묘를 옮겨 고종과 함께 묘를 만들었어요. 청량리에 있는 홍릉수목원에는 그 터만 표시되어 있답니다.

너무 많아 전차를 타기가 쉽지 않았어요. 심지어 한번 타면 내리지 않고 몇 시간을 타는 사람들이 있어서 정작 전차를 타야 할 사람들은 발을 동동 구르기도 했어요.

창경궁 앞을 지나는 전차
창경궁 앞을 지나는 전차 노선을 따라 전차가 지나고 있어요. 전차는 1960년대까지 서울 시민의 발 노릇을 했답니다.

1899년에 처음 가설된 전차는 지금의 전철과는 달리 개방된 형태였어요. 속도가 느렸기 때문에 차에서 떨어질 위험은 크지 않았지만 햇볕이 내리쬘 때는 찜통이나 마찬가지였고 눈·비가 오면 우산을 받쳐 들고 타야 하는 불편함이 있었지요. 하지만 그 불편함은 전차의 편리함에 비하면 아무것도 아니었어요. 점차 전차의 수와 운행 횟수는 늘어났고, 노선도 하나 둘씩 늘어나 일제 강점기였던 1930년대는 서울의 곳곳을 누비고 다니게 되었지요. 여러분이 서 있는 오간수교 위로도 전차가 지나다녔답니다.

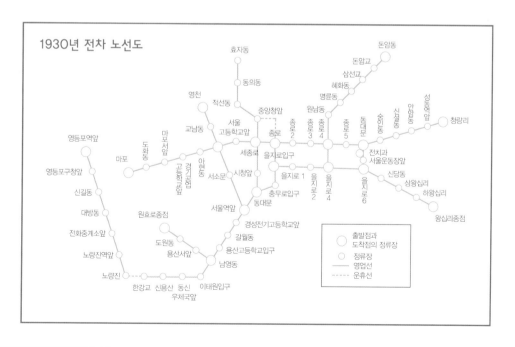

시간 속으로 흘러가는 청계천

오간수교를 마지막으로 계획했던 청계천 체험학습은 끝났어요. 잠깐만요. 체험학습을 끝내기 전에 한군데 더 들를 곳이 있어요. 청계천변의 아주 오래된 명소인 헌책방 거리예요. 함께 가 볼까요? 이곳에서는 새 책만 파는 시내 큰 서점에서는 느낄 수 없는 특별한 경험을 할 수 있어요. 어른들의 옛이야기를 들을 수 있는 재미있는 장소이기도 하고요. 또, 헌책방이라고 해서 아주 오래된 옛날 책만 파는 것도 아니에요. 최근에 출판된 책, 여러분이 좋아하는 잡지, 어릴 때 보던 그림책이나 동화책도 팔기 때문에 생각보다 좋은 체험을 할 수 있는 곳이랍니다.

자, 그럼 책 구경을 해 볼까요? 손이 가는 책 하나를 뽑아 책장을 넘겨 보세요. 책의 옛 주인이 남긴 메모, 책갈피로 썼던 나뭇잎, 당시에 오려 끼워 두었던 신문 기사의 내용, 그리고 선물로 받은 책이었다면 짧은 편지가 들어 있을 수도 있지요. 그 내용을 읽어 보는 것도 작은 재미랍니다. 혹시 아주 오래된 책이라면 납작하게 펴진 옛 지폐를 발견하는 행운을 얻을 수도 있답니다.

이번 청계천 체험학습은 어땠나요? 긴 거리를 걸어오느라 다리가 아프다고요? 이제 주변 벤치에 앉아 보고 들은 것들을 하나씩 떠올려 보세요. 비록 다리는 아프지만 청계천의 새로운 모습들이  생각날 거예요.

과거의 역사와 근·현대 역사의 흔적들이 공존하는 청계천, 지금도 새로운 역사가 만들어지고 있는 청계천, 사람들과 동식물의 쉼터로 되돌아온 청계천! 이것이 우리가 생각하고 되새겨 보았던 청계천이에요. 오늘 깨끗하게 되살아난 청계천, 청계천 곳곳에 묻어 있는 과거의 흔적들, 그리고 청계천 주변의 많은 사람을 보면서 그 느낌을 받았으리라 생각해요.

청계천이 옛날부터 서민들의 희로애락을 담아내며 우리 곁에 있었던 것처럼 앞으로도 우리와 함께하는 하천으로 남고, 이번 체험학습도 여러분의 소중한 추억으로 간직될 수 있기를 바랍니다.

한강까지 계속 흘러가는 청계천 물줄기

청계천 물줄기는 오간수교에서 멈추지 않고 하류로 계속 흘러요. 하천이 흐르는 곳이라면 도성 안팎을 가리지 않고 사람들은 모여서 살았고, 다리 아래나 빨래터에 모여 서로의 삶을 꽃피우며 웃고 울었답니다. 청계천은 정다운 친구가 되어 그들의 이야기를 들어주며 사람들의 아픔과 기쁨을 보듬어 왔어요. 청계천은 오간수교로부터 약 2.9km를 더 흘러 신답철교 근처에서 한강의 지류인 중랑천과 만나 한강으로 흘러가요. 이 구간은 상류와는 다른 하천 경관을 볼 수 있어 색다른 느낌을 받을 수 있어요. 오늘은 직접 하류를 답사하지 않았지만 어떤 역사적 흔적들이 남아 있는지 알아봐요.

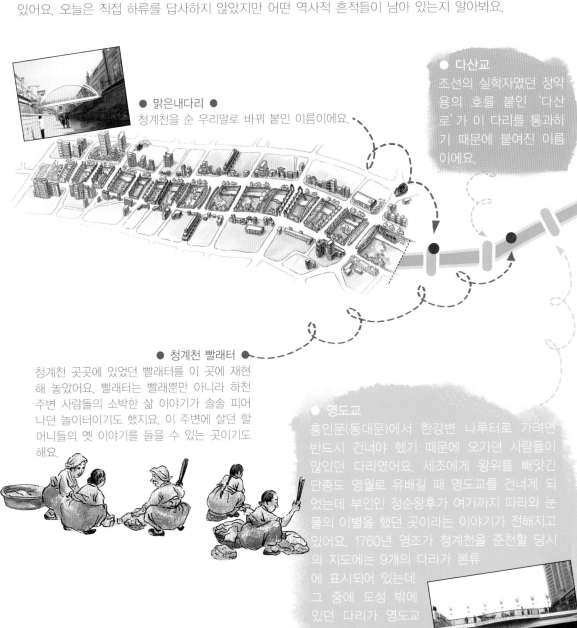

● 맑은내다리 ●
청계천을 순 우리말로 바꿔 붙인 이름이에요.

● 다산교
조선의 실학자였던 정약용의 호를 붙인 '다산로'가 이 다리를 통과하기 때문에 붙여진 이름이에요.

● 청계천 빨래터 ●
청계천 곳곳에 있었던 빨래터를 이 곳에 재현해 놓았어요. 빨래터는 빨래뿐만 아니라 하천 주변 사람들의 소박한 삶 이야기가 솔솔 피어나던 놀이터이기도 했지요. 이 주변에 살던 할머니들의 옛 이야기를 들을 수 있는 곳이기도 해요.

● 영도교
흥인문(동대문)에서 한강변 나루터로 가려면 반드시 건너야 했기 때문에 오가던 사람들이 많았던 다리였어요. 세조에게 왕위를 빼앗긴 단종도 영월로 유배갈 때 영도교를 건너게 되었는데 부인인 정순왕후가 여기까지 따라와 눈물의 이별을 했던 곳이라는 이야기가 전해지고 있어요. 1760년 영조가 청계천을 준천할 당시의 지도에는 9개의 다리가 본류에 표시되어 있는데 그 중에 도성 밖에 있던 다리가 영도교였어요.

● 존치교각
청계천 복원 당시에 청계고 가도로를 받치고 있던 교각들을 모두 철거하지 않고 3개를 남겨두었어요. 그것은 청계천의 역사를 상징적으로 보여주기 위한 것이었지요. 여름에는 존치교각 옆 석축에서 높이 뿌려지는 물줄기가 시원한 물터널을 만들어 주기도 해요.

● 무학교
다리 남쪽이 조선 도읍지 후보였던 왕십리에요. 조선 초기 이 곳에 도읍을 정하기 위해 땅을 살피러 왔던 무학대사의 이름을 본따서 지은 이름이에요.

● 두물다리
옛날 청계천 본류와 지류가 만나던 지점이었기 때문에 '두 줄기의 물이 만나는 다리'라는 뜻으로 붙인 이름이에요. 다리 모양도 두 물줄기가 만나는 모양이니까 확인해 보세요.

▲ 황학교

● 청계천박물관
청계전 박물관에 가면 청계천의 모습이 어떻게 변해 왔는지 알 수 있어요. 복원되기 전의 청계천 모습과 복원 공사 모습, 이후의 모습까지 청계천의 변화를 볼 수 있어요.

● 고산자교
청계천에 복원된 마지막 다리예요. 조선 대동여지도를 만든 김정호의 호를 따서 지은 이름이에요. 이 다리 주변에는 다양한 생물들이 살 수 있도록 버들습지를 조성해 놓았어요. 사과 나무길도 조성되어 있어서 여름에는 빨갛게 익어가는 사과를 볼 수도 있어요.

● 비우당교
조선 세종 때 청렴 결백한 관리였던 유관이 근처에 살았어요. 비오는 날에 방안에서도 우산을 받쳐들고 비를 피했을 정도였다고 하니 그의 청렴함을 알 수 있겠죠. '비우당'이라는 이름은 여기서 따온 것이죠.

나는 청계천 박사!

청계광장에서 오간수교까지 무사히 걸어왔나요? 여러 다리들을 지나오면서 많은 이야기가
담겨 있다는 것을 알았어요. 그럼, 기억을 더듬어 가며 다음의 문제들을 풀어 보세요.

① 지도에 표시해 보세요.

다음 사진들은 여러분들이 답사하면서 보았던 장면을 찍은 사진들이랍니다.
어느 다리 근처에서 본 것인지 아래 지도에 표시해 보세요.

1

2

3

4

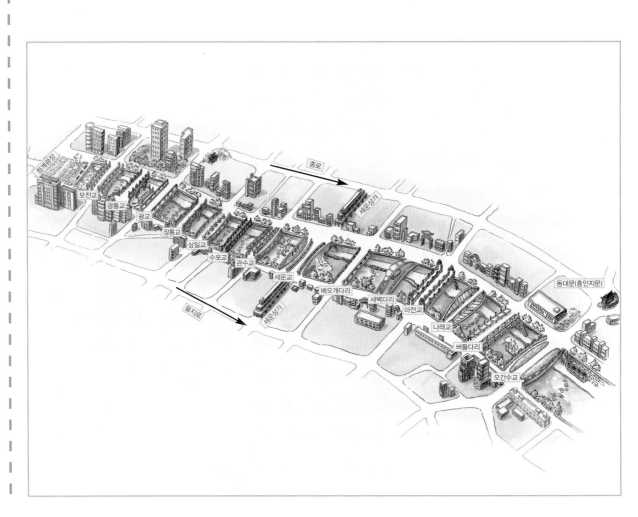

② 알맞게 연결해 보세요.

다음 중 다리의 이름과 그 이름의 유래를 알맞게 연결해 보세요.

모전교

수표교

광통교

장통교

이곳에 청계천의 홍수 방지를 위해 설치한 수표가 있어 붙여진 이름이랍니다.

조선시대 한성부의 장통방에 위치하고 있어서 붙여진 이름이에요. 당시 한성부에는 5부가 있었고, 그 아래에 52방이 있었습니다.

이곳에 과일을 파는 모전이 있었다고 해서 붙여진 이름이랍니다.

청계천 다리 중에 가장 넓은 다리였기 때문에 붙여진 이름이랍니다. 이는 이용하는 사람들도 많았다는 뜻이기도 하지요.

③ 시대별로 나열해 보세요.

다음은 청계천의 변화를 담은 사진이에요. 어떻게 변해 왔는지 순서대로 번호를 써 보세요.

(   )

(   )

(   )

☞ 정답은 56쪽에

53

청계천에 관한 시 쓰기

청계천을 재미있게 돌아보았나요? 청계천에는 다리도 많고, 사람들도 많고, 사연도 많아서 돌아보는 데 조금은 힘이 들지만 여러 가지를 배울 수 있어요. 우리 어린이들은 오늘 청계천을 돌아보고 어떤 생각이 들었나요? 도심에 쉼터가 생겨 좋은 듯도 하고, 차들이 막혀서 답답하기도 하고, 다리에 얽힌 사연을 들으니 재미있기도 했다고요? 네, 같은 장소를 거닐어도 각자 느낀 점들은 다를 거예요. 자, 이번에는 체험학습 후에 시 쓰기를 해 보아요. 청계천을 본 느낌이 어떠했는지 시로 표현해 보세요.

1. 인상적인 글감을 찾아요

동시를 쓰기로 결정했으면 어떤 것에 대해서 쓸 것인지를 생각해 보아요. 동시의 내용이 될 글감에는 제한이 없어요. 자신이 경험한 일도 좋고, 주변에서 보고 들은 것도 좋고, 생활에서 만나는 사람들에 대해서 써도 좋아요. 자신이 가장 감명 깊게 느껴졌던 일이면 무엇이든지 상관없답니다.

2. 참신한 주제를 정해요

글감을 골랐으면 글감으로 어떤 생각을 담을 것인지 생각해 보아요. 자신이 하고 싶은 이야기는 무엇인지 생각해보고 자신의 생각을 정리해 보아요. 아래의 동시들을 보면 청계천을 두고 이야기를 하고 있지만 각각의 시에 담겨 있는 이야기는 다르다는 것을 알 수 있지요.

3. 자신의 느낌을 정확하고 진실하게 표현해요

자기만의 느낌을 표현해 보아요. 동시는 설명하는 글이 아니기 때문에 다른 사람의 생각이나 설명하는 내용을 담을 필요는 없어요. 자신만의 독특한 느낌이나 새로운 생각을 담도록 해요. 같은 글감으로 같은 이야기를 해도 표현하는 방법은 모두 제각각이랍니다. 자신의 개성이 드러나도록 하는 것이 좋아요.

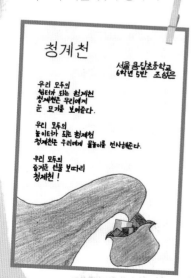

4. 연과 행 같은 시의 형식을 갖춰 써 보아요

줄글을 짧은 글로 표현하는 연습은 시를 쓰는 데 많은 도움이 되어요. 시를 보면 여러 글줄로 되어 있는데, 한 줄 한 줄의 글줄을 행이라고 하고, 행들이 모인 것을 연이라고 해요. 예를 들어 아래 청계천 시 중에서 맨 왼쪽의 시는 3연 10행으로 된 시랍니다. 이런 시의 기본적인 형식에 맞춰 써 보세요.

5. 멋진 제목을 붙여요

어떤 사람들은 시를 쓰기 전에 제목을 먼저 정하고 쓰기도 하고, 어떤 사람들은 시를 완성하고 나서 그 내용에 맞게 제목을 정하기도 하지요. 제목을 붙이는 때는 상관이 없어요. 다만, 시 내용에 아주 잘 어울리는 제목을 정하는 것이 좋겠지요.

6. 수정하고 다듬어요

자신의 생각과 느낌을 여러 가지 방법으로 표현해 보아요. 완성되면 다시 한번 읽어보고, 고쳐야 할 부분이 있는지 확인해 보아요. 중간중간 틀리게 쓴 부분이 나올 수도 있고, 나중에 읽어보면 더욱 좋은 표현이 생각날 수도 있으니까요. 고치고 다듬는 과정을 거치면 더욱 훌륭한 동시가 완성될 거예요.

7. 다른 사람이 쓴 동시를 많이 읽어요

다른 사람이 써 놓은 글을 읽는 것은 자신의 글을 쓰기 위한 기본적인 활동이에요. 여러 편의 동시를 읽다 보면 동시의 형식이 어떤지 쉽게 알 수 있으니까요. 많이 읽으면 읽을수록 좋아요. 그러다 보면 나중에는 어떤 시가 잘 되었는지를 알아보는 눈도 생긴답니다.

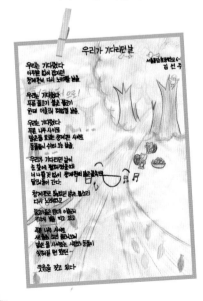

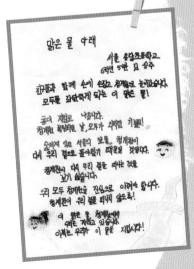

※ 여기에 실린 작품들은 용답초등학교 6학년 5반(2006년) 아이들이 직접 쓰고 그린 것입니다.

정답

여기서 잠깐!

8쪽

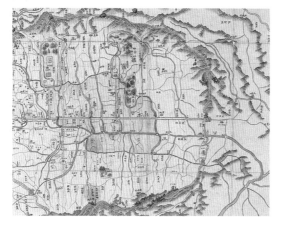

12쪽 제주도

18쪽

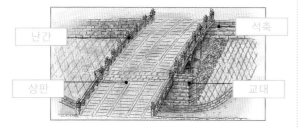

난간

석축

상판

교대

24쪽

• 정조의 가마	정가교
• 정조의 말	좌마
• 혜경궁 홍씨의 가마	자궁가교

42쪽

국초에 나라의 틀 잡힘에 크게 힘 기울여 무지개다리 열두 개를 하늘에 솟구치듯 세웠네 나라 세워 사백 년 내려오는 동안 (1) 큰물 한번 쓸고 가면 한층 더 막히고 개천이 때로는 평지처럼 되었네 육칠월 도서에 (5)라도 들면 땅 위의 물이 무릎까지 차 올랐네 조정 대신들 의론이 분분할 제 성군의 결단은 명쾌하고 빠드립이 없었네 국고 재정 아낌없이 쏟아 붓고 장정들 손살처럼 떨쳐 나섰네	삼태기와 삽으로 곧장 바닥까지 파내려 써긴 둔금 옛 모습 다시 드러났네 (2) 큰 수레 작은 배들이 연이어 오가네 임금님 납시어 살피심에 피로를 모르시고 물은 옛길따라 참으로 판쳐비만 흐르네 양쪽 언덕 십 리 길 시원처럼 곧바르고 삼영의 (4) 이지러지고 빠진 곳 없네 맑은 물결 찰랑찰랑 수양버들 그늘지고 물 기운도 훤히 트여 성결이 비치네 땅 기운도 막힘이 없이 소통이 잘 되네……

45쪽

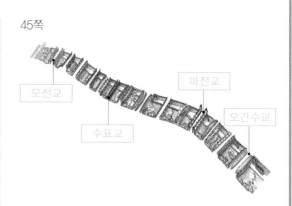

모전교

마전교

수표교

오간수교

나는 청계천 박사!

① 지도에 표시해 보세요.

② 알맞게 연결해 보세요.

모전교

수표교

광통교

장통교

이곳에 청계천의 홍수 방지를 위해 설치한 수표가 있어 붙여진 이름이랍니다.

조선시대 한성부의 장통방에 위치하고 있어서 붙여진 이름이에요. 당시 한성부에는 5부가 있었고, 그 아래에 52방이 있었습니다.

이곳에 과일을 파는 모전이 있었다고 해서 붙여진 이름이랍니다.

청계천 다리 중에 가장 넓은 다리였기 때문에 붙여진 이름이랍니다. 이는 이용하는 사람들도 많았다는 뜻이기도 하지요.

③ 시대별로 나열해 보세요.

(3)

(1)

(2)

사진

주니어김영사 3p(청계천 전경), 4p(청계천 상징물), 5p(투어버스), 9p(인왕산), 11p(청계천 물살, 청계천 주변, 청계천 전경, 2005년 10월의 청계천), 12p(팔석담), 12p(팔석담과 모전교), 14p(광교에서 바라본 광통교), 16–17p(사진 모두), 18p(숨어 있는 광통교), 22p(신한은행 건물, 한성은행 푯돌), 23p(장통교, 정조대왕 능행반차도), 25p(정조대왕 능행반차도), 26p(삼일교), 27p(삼일빌딩), 28p(수표), 30p(수표교), 34p(마전교, 평화시장 전경), 36–37p(사진 모두), 38p(사진 모두), 40–41p(사진 모두), 42p(오간수교 옛모습), 48–49p(사진 모두), 50–51p(사진 모두)

서울대학교 규장각 한국학 연구원 8p(도성도)

국가홍보처 11p(1960년대의 청계천), 35p(1960년대 청계천 판자촌), 45p(순종의 장례식), 47p(창경궁 앞을 지나는 전차)

서문당 11p(조선 시대의 청계천)

유철상 28p(수표교)

초등학교 교과서와 관련된 학년별 현장 체험학습 추천 장소

1학년 1학기 (21곳)	1학년 2학기 (18곳)	2학년 1학기 (21곳)	2학년 2학기 (25곳)	3학년 1학기 (31곳)	3학년 2학기 (37곳)
철도박물관	농촌 체험	소방서와 경찰서	소방서와 경찰서	경희대자연사박물관	IT월드(과천정보나라)
소방서와 경찰서	광릉	서울대공원 동물원	서울대공원 동물원	광릉수목원	강원도
시민안전체험관	홍릉 산림과학관	농촌 체험	강릉단오제	국립민속박물관	경희대자연사박물관
천마산	소방서와 경찰서	천마산	천마산	국립서울과학관	광릉수목원
서울대공원 동물원	월드컵공원	남산골 한옥마을	월드컵공원	국립중앙박물관	국립경주박물관
농촌 체험	시민안전체험관	한국민속촌	남산골 한옥마을	기상청	국립고궁박물관
코엑스 아쿠아리움	서울대공원 동물원	국립서울과학관	한국민속촌	서대문자연사박물관	국립국악박물관
선유도공원	우포늪	서울숲	농촌 체험	선유도공원	국립부여박물관
양재천	철새	갯벌	서울숲	시장 체험	국립서울과학관
한강	코엑스 아쿠아리움	양재천	양재천	신문박물관	남산
에버랜드	짚풀생활사박물관	동굴	선유도공원	경상북도	남산골 한옥마을
서울숲	국악박물관	고성 공룡박물관	불국사와 석굴암	양재천	롯데월드민속박물관
갯벌	천문대	코엑스 아쿠아리움	국립중앙박물관	경기도	국립민속박물관
고성 공룡박물관	자연생태박물관	옹기민속박물관	국립민속박물관	이화여대자연사박물관	삼성어린이박물관
서대문자연사박물관	세종문화회관	기상청	전쟁기념관	전쟁기념관	서대문자연사박물관
옹기민속박물관	예술의 전당	시장 체험	판소리	천마산	선유도공원
어린이 교통공원	어린이대공원	에버랜드	DMZ	한강	소방서와 경찰서
어린이 도서관	서울놀이마당	경복궁	시장 체험	화폐금융박물관	시민안전체험관
서울대공원		강릉단오제	광릉	호림박물관	경상북도
남산자연공원		몽촌역사관	홍릉 산림과학관	홍릉 산림과학관	월드컵공원
삼성어린이박물관		국립현대미술관	국립현충원	우포늪	육군사관학교
			국립4·19묘지	소나무 극장	해군사관학교
			지구촌민속박물관	예지원	공군사관학교
			우정박물관	자운서원	철도박물관
			한국통신박물관	서울타워	이화여대자연사박물관
				국립중앙과학관	제주도
				엑스포과학공원	천마산
				올림픽공원	천문대
				전라남도	태백석탄박물관
				경상남도	판소리박물관
				허준박물관	한국민속촌
					임진각
					오두산 통일전망대
					한국천문연구원
					종이미술박물관
					짚풀생활사박물관
					토탈야외미술관

4학년 1학기 (34곳)	4학년 2학기 (56곳)	5학년 1학기 (35곳)	5학년 2학기 (51곳)	6학년 1학기 (36곳)	6학년 2학기 (39곳)
강화도	IT월드 (과천정보나라)	갯벌	IT월드(과천정보나라)	경기도박물관	IT월드(과천정보나라)
갯벌	강화도	광릉수목원	강원도	경복궁	KBS 방송국
경희대자연사박물관	경기도박물관	국립민속박물관	경기도박물관	덕수궁과 정동	경기도박물관
광릉수목원	경복궁 / 경상북도	국립중앙박물관	경복궁	경상북도	경복궁
국립서울과학관	경주역사유적지구	기상청	덕수궁과 정동	고성 공룡박물관	경희대자연사박물관
기상청	경희대자연사박물관	남산골 한옥마을	경상북도	국립민속박물관	광릉수목원
농촌 체험	고창, 화순, 강화 고인돌유적	농업박물관	경희대자연사박물관	국립서울과학관	국립민속박물관
서대문자연사박물관	전라북도	농촌 체험	고인쇄박물관	국립중앙박물관	국립중앙박물관
서대문형무소역사관	고성공룡박물관	서울국립과학관	충청도	농업박물관	국회의사당
서울역사박물관	충청도	서울대공원 동물원	광릉수목원	롯데월드민속박물관	기상청
소방서와 경찰서	국립경주박물관	서울숲	국립공주박물관	몽촌토성과 풍납토성	남산
수원화성	국립민속박물관	서울시청	국립경주박물관	민주화현장	남산골 한옥마을
시장 체험	국립부여박물관	서울역사박물관	국립고궁박물관	백범기념관	대법원
경상북도	국립서울과학관	시민안전체험관	국립민속박물관	서대문자연사박물관	대학로
양재천	국립중앙박물관	경상북도	국립서울과학관	서대문형무소 역사관	민주화현장
옹기민속박물관	국립국악박물관 / 남산	양재천	국립중앙박물관	서울역사박물관	백범기념관
월드컵공원	남산골 한옥마을	강원도	남산골 한옥마을	조선의 왕릉	아인스월드
철도박물관	농업박물관 / 대법원	월드컵공원	농업박물관	성균관	서대문자연사박물관
이화여대자연사박물관	대학로	유명산	롯데월드민속박물관	시민안전체험관	국립서울과학관
천마산	롯데월드민속박물관	제주도	충청도	경상북도	서울숲
천문대	몽촌토성과 풍납토성	짚풀생활사박물관	서대문자연사박물관	암사동 선사주거지	신문박물관
철새	불국사와 석굴암	천마산	성균관	운현궁과 인사동	양재천
홍릉 산림과학관	서대문자연사박물관	한강	세종대왕기념관	전쟁기념관	월드컵공원
화폐금융박물관	서울대공원 동물원	한국민속촌	수원화성	천문대	육군사관학교
선유도공원	서울숲	호림박물관	시민안전체험관	철새	이화여대자연사박물관
독립공원	서울역사박물관	홍릉 산림과학관	시장 체험 / 신문박물관	청계천	중남미박물관
탑골공원	조선의 왕릉	하회마을	경기도	짚풀생활사박물관	짚풀생활사박물관
신문박물관	세종대왕기념관	대법원	강원도	태백석탄박물관	창덕궁
서울시의회	수원화성	김치박물관	경상북도	해사 고려대장경과 장경판전	천문대
선거관리위원회	승정원 일기 / 양재천	난지하수처리사업소	옹기민속박물관	호림박물관	우포늪
소양댐	옹기민속박물관	농촌, 어촌, 산촌 마을	운현궁과 인사동	유니세프 한국위원회	판소리박물관
서남하수처리사업소	월드컵공원	들꽃수목원	육군사관학교	무령왕릉	한강
중랑구재활용센터	육군사관학교	정보나라	이화여대자연사박물관	현충사	홍릉 산림과학관
중랑하수처리사업소	철도박물관	드림랜드	전라북도	덕포진교육박물관	화폐금융박물관
	이화여대자연사박물관	국립극장	전쟁박물관	서울대학교 의학박물관	훈민정음
	조선왕조실록 / 종묘		창경궁 / 천마산	상수허브랜드	상수도연구소
	종묘제례		천문대		한국자원공사
	창경궁 / 창덕궁		태백석탄박물관		동대문소방서
	천문대 / 청계천		한강		중앙119구조대
	태백석탄박물관		한국민속촌		
	판소리 / 한강		해인사 고려대장경과 장경판전		
	한국민속촌		화폐금융박물관		
	해인사 고려대장경과 장경판전		중남미문화원		
	호림박물관		첨성대		
	화폐금융박물관		절두산순교유적지		
	훈민정음		천도교 중앙대교장		
	온양민속박물관		한국에너지기술연구원		
	아인스월드		한국자수박물관		
			초전섬유퀼트박물관		